dtv

Die Kunst, meinte Nietzsche, sei die einzige Möglichkeit, die Grausamkeit des Daseins zu ertragen oder gar zu überwinden. Mit diesem Generalthema in Nietzsches Denken setzt sich diese Hommage auseinander – interpretierend, zitierend, diskutierend. Nietzsches Beziehung zur bildenden Kunst wird von dem bekannten Kunstwissenschaftler Wieland Schmied beleuchtet, der Sprachwissenschaftler und Romanist Hans-Martin Gauger untersucht Nietzsches faszinierenden Stil. Der Altphilologe Albert von Schirnding stellt den Lyriker vor, und Heinz Friedrich befaßt sich mit der Gesamtthematik: Philosophie als Kunst. Hinzu kommt eine Auswahl aus dem Briefwechsel Nietzsches mit Peter Gast.

Die facettenreichen Beiträge basieren auf einer Vortragsreihe der Bayerischen Akademie der Schönen Künste aus dem Jahre 1994. Sie werden zum 100. Todestag Friedrich Nietzsches in gering revidierter Form neu herausgegeben von Heinz Friedrich, Verleger des <u>dtv</u> von 1961–1990 und Präsident der genannten Akademie von 1983–1995.

Friedrich Nietzsche

Philosophie als Kunst

Eine Hommage

Herausgegeben von
Heinz Friedrich

Deutscher Taschenbuch Verlag

Unser Dank gilt der Bayerischen Akademie der
Schönen Künste, die der erneuten Veröffentlichung
dieses ursprünglich 1994 im Oreos Verlag,
Waakirchen, erschienenen Bandes
im Taschenbuch zugestimmt hat.

November 1999
Deutscher Taschenbuch Verlag GmbH & Co. KG,
München
© für diese Ausgabe:
Deutscher Taschenbuch Verlag, München
© für die einzelnen Beiträge bei den Autoren
Umschlagkonzept: Balk & Brumshagen
Umschlagbild: ›Friedrich Wilhelm Nietzsche‹
von Horst Janssen
(Verlag St. Gertrude, Hamburg)
Satz: OREOS GmbH, Waakirchen
Gesetzt aus der Sabon-Antiqua
Druck und Bindung: C. H. Beck'sche Buchdruckerei,
Nördlingen
Gedruckt auf säurefreiem, chlorfrei gebleichtem Papier
Printed in Germany · ISBN 3-423-30735-8

Inhalt

Vorwort

In einer Zeit, die sich immer entschiedener der exakten Wissenschaft verschreibt, weil diese allein Fortschritt in der materiellen und geistigen Beherrschbarkeit der Welt zu garantieren scheint – in einer solchen Zeit von Philosophie als Kunst zu sprechen oder zu schreiben klingt entweder wie schiere Blasphemie oder scheint romantische Rückständigkeit zu signalisieren. Die Nüchternheit des deduktiven, kausalen, kritischen Denkens, sprich: die wissenschaftliche Rationalität, ist derzeit sogar in der Philosophie gefragt und wird dort favorisiert. Entsprechend schrumpft das Ansehen der »denkerischen Intuition«. Denn was diese Intuition an Menschen und Welt-Erklärung gegenwärtig anzubieten hat, hinkt den Wissenschaften bedenklich hinterher. Deshalb beschränkt sich die Gegenwartsphilosophie vornehmlich darauf, die eigene Geschichte zu referieren, zu reflektieren und zu interpretieren anstatt »weiterzudenken«.

Im Kontext dieser kritischen Selbstreflexion und Rückschau behauptet ein Philosoph zwar nicht unangefochten, aber offensichtlich auch nicht stürzbar, einen herausragenden Platz: Friedrich Nietzsche. Er war es, der dem Europa des 20. Jahrhunderts voraussagte, es liefere sich dekadent dem Nihilismus aus, weil es sich in der Gier nach materiellem Fortschritt erschöpfe und sich dadurch bis zur geistigen Selbstaufgabe erniedrige. Die Vehemenz seiner kritischen Auseinandersetzung mit dem Wert-Zerfall des europäischen Bürgertums ist (leider) nach wie vor aktuell. Nietzsche bleibt Zeitgenosse – auch über die Jahrhundert- und Jahrtausendwende hinweg. Denn der Wert-Zerfall schreitet fort – und wir haben »irgendwann neue Werte nötig«, wie Nietzsche sagte. Darum gibt es Gründe genug und erscheint es sinnvoll, sich immer und immer wieder in den Jahrhundert-Diskurs mit Nietzsche und dessen ästhetisch grundierter Philosophie einzulassen.

Der zeitgenössische Ruhm Nietzsches hielt sich in Grenzen. Nachdem Nietzsches wissenschaftlicher Stern in Basel strahlend aufgegangen war, wich bald Enttäuschung der Bewunderung. Hatte der junge Altphilologe doch gewagt, die Grenzen seiner Wissenschaft zu sprengen und sich der Antike nicht nur philologisch sondern auch philosophisch und sogar wahlverwandtschaftlich-musisch zu nähern. Das wissenschaftliche Verdikt von Wilamowitz-Möllendorf traf damals Nietzsche hart. Er wurde den Makel des unseriösen Wissenschaftlers zeit seines Lebens nicht mehr los. Aber genau dieser Makel bestärkte ihn in der Gewißheit, auf dem rechten Weg zu sein – gegen seine Zeit und gegen kommende Zeiten.

›Die Geburt der Tragödie aus dem Geist der Musik‹ – schon der Titel des befehdeten Werkes signalisiert nicht nur eine neue und ungewöhnliche Sicht auf die geistige Existenz der frühen Griechen, sondern er überschreibt auch die Ouvertüre zu Nietzsches Denken. Nietzsche philosophiert dithyrambisch, und indem er dithyrambisch philosophiert, philosophiert er auch tragisch. Leben und Tod, Werden und Vergehen – das sind die beiden Pole, zwischen denen sich, in höchster Spannung, Leben ereignet. Das Euphorische und Ekstatische, das Dithyrambische an Nietzsches Philosophie befremdete seine Zeitgenossen eher als daß es sie anzog. Nietzsches Veröffentlichungen erreichten nur schwache Auflagen. Selbst der ›Zarathustra‹, von dem sich der Philosoph Bahnbrechendes erwartete, blieb vergleichsweise wirkungslos. Mit anderen Worten: es war ein relativ kleiner Kreis, der das Genie Nietzsches damals erkannte und sich von diesem Genie faszinieren ließ. Einer, der Nietzsche am entschiedensten begriff, war der Musiker Peter Gast. Ihm verdanken wir einen Briefwechsel mit Nietzsche, der mehr Aufschluß gibt über die menschliche und die denkerische Biographie des Philosophen Nietzsche als manche mehr oder minder gescheite Interpretation. Wir haben deshalb in unsere Reihe aus gutem Grunde auch eine Lesung aus diesem Briefwechsel aufgenommen.

Hielt sich der zeitgenössische Ruhm Nietzsches in Grenzen, so schwoll dessen Nachruhm bereits im letzten Jahrzehnt des vorigen Jahrhunderts (Nietzsche lebte damals noch, umnachtet) im Umfeld des Fin de siècle an, um sodann das 20. Jahrhundert mächtig zu durchdringen im Für und Wider. Kein großer Geist dieses 20. Jahrhunderts kam an Nietzsche vorbei. Er mußte sich ihm stellen und sich mit ihm auseinandersetzen. Und er mußte versuchen mit ihm produktiv fertig zu werden. Das Menetekel der Décadence und des Nihilismus, das Nietzsche am Horizont des 20. Jahrhunderts beschwor, konnte niemand unsichtbar bleiben.

Wäre Nietzsche nur und vornehmlich der Lichtbringer im Dunkel menschlichen Niedergangs gewesen, als den ihn seine Schwester zusammen mit einer immer stärker anwachsenden Nietzsche-Gemeinde empfahl, dann allerdings wäre dieser Philosoph längst in die Rumpelkammer dieses Jahrhunderts verschwunden. Das Faszinierende an Nietzsche jedoch war und ist, daß er zweifellos Licht zu bringen hoffte in eine Gesellschaft, die sich der Auflösung zubewegte – aber ebenso faszinierend ist, daß er diese Rolle sozusagen mephistophelisch spielte: Indem er sich als Messias empfahl, empfahl er sich auch als dessen Widersacher. Er hatte den Mut, sich selbst zu widersprechen und infrage zu stellen – und mit sich die bürgerliche Gesellschaft, der er entstammte und für die er sprach. Nietzsche ist der radikalste und gnadenloseste Kritiker des bürgerlichen Zeitalters, dessen Liquidation er mit Entschiedenheit forderte, um den Weg frei zu machen in eine Zukunft jenseits des Nihilismus.

Ein Denker, der sich selbst in Frage stellt und der sich in vielerlei Verkleidungen, Posen und Spiegelungen seinem Publikum empfiehlt, gerät selbstverständlich in Gefahr, nicht nur da und dort einseitig beim Wort genommen, sondern auch ideologisch vereinnahmt zu werden. Diese Vereinnahmungen erweisen sich allesamt als ebenso töricht wie unhaltbar. Wer auf Nietzsche ideologisch baut, hat auf Sand gebaut. Nietzsche bietet nämlich seinen Lesern keine Sicherheiten; er verunsichert sie, um sie zu eigenem Denken nicht nur zu erziehen, sondern dazu regelrecht zu zwingen. Das Denken läßt keine Herdenbildung zu. Wo sich dennoch Herden formieren, verliert das Denken seine produktive, gestaltende Kraft.

Vor allem aber: Nietzsche war entgegen aller Schulphilosophie kein logischer Systematiker, sondern ein musischer Denker. Er betrieb Philosophie als Kunst. Er praktizierte »fröhliche Wissenschaft«, indem er Kunst und Philosophie zu einer Erfahrung– und Erlebnis-Einheit verband. Das Leben, so sagte er, sei im Grunde nur ästhetisch gerechtfertigt. Das heißt: der Mensch muß Stil entwickeln, er muß sich und die Sozietät gestalten, und er muß die Gestalt zur exemplarischen Anschauung bringen, um ihr sozial verbindliche Kraft zu verleihen. In den frühen Griechen sieht er dieses Ideal einer ästhetischen Existenz jenseits politischen Gezänks und brudermörderischer Kriege einzigartig verwirklicht. Deshalb lenkt er immer wieder den Blick zurück in jene frühen Zeiten der abendländischen Kultur, in der die Geburtsstunde der abendländischen Zivilisation, daß heißt: des abendländischen Bürgers schlägt.

Die Beiträge dieses Bandes entstanden im Zusammenhang mit einer Veranstaltungsreihe der Bayerischen Akademie der Schönen Künste im Herbst 1994 in München. Die Auswahl aus dem Briefwechsel Friedrich Nietzsche – Peter Gast besorgten Gert Westphal und Dietrich Fischer-Dieskau. Die Gedichte stellte Albert von Schirnding zusammen. Die Redaktion besorgte Oswald Bauer.

Das Thema Nietzsche hat kein Ende. Es ist offen für immer neue Variationen, Reflexionen und Animationen. In diesem Sinn liefert dieser Band nur einen Beitrag zu dem Nietzsche-Diskurs, der auch das 21. Jahrhundert in philosophischem Atem halten wird.

HEINZ FRIEDRICH

Ecce homo?

Nietzsches Übermensch oder:
Der neue Prometheus

Ecce homo – Fragezeichen. Fangen wir mit der Bibel an: Und Gott schuf den Menschen nach seinem Bilde ...

Mehr noch als der Biß in den Apfel der Erkenntnis hat die Menschheit oder besser gesagt: hat die Menschen, die auf das Buch der Bücher schwören, diese lapidare Aussage der Schöpfungsgeschichte beflügelt und verunsichert zugleich. Der Mensch als Ebenbild der Gottheit: welch ein Triumph des Menschseins, welch eine Gnade und Auszeichnung durch die höchste Instanz des Universums! Unter solchen Vorzeichen sich die Erde untertan zu machen, versüßt selbst das schlechte Gewissen und veredelt noch die gemeinsten Mord-Instinkte. Der göttliche Auftrag deckt vieles und vergibt alles. Die Reue macht's möglich.

Dennoch frißt sich der Wurm aus dem Apfel der Erkenntnis Jahrhundert für Jahrhundert und Jahrtausend für Jahrtausend tiefer in die Hirne der Menschen ein und attackiert sie mit dem Schmerz des Zweifels an der Welt und an sich selbst bis zur Selbstzerstörung. Die Göttlichkeit macht ihnen zu schaffen.

Jetzt, da die europäische Menschheit, die vor fünfhundert Jahren noch einmal so hoffnungsvoll unter dem Vorzeichen der Renaissance antikischer Welt- und Daseins-Vorstellungen in die Zukunft ihrer »Neuzeit« aufgebrochen war, – jetzt, da sie sich ihrer Hoffnungen mehr und mehr beraubt sieht, reift die Zeit für den antropologischen Kassensturz. Dabei ist es notwendig, den Menschen an seiner Realität zu messen und nicht an der Proklamation dessen, was er sein möchte, möglicherweise aber nicht sein kann: das Ebenbild Gottes. Zur anthropologischen Realität des Homo sapiens gehört nicht nur die Frage nach der Selbstbestimmung des Individuums, sondern auch und vor allem die Frage nach Sinn und Praxis menschlichen Zusammenlebens in großen Gruppen oder gar in Massen, sprich: die Frage nach dem Staat. Diese Frage beherrscht das menschliche Dasein, seitdem es sich geschichtlich zu Wort meldet, das heißt: seitdem es erinnert werden kann.

Der Staat. Was ist der Staat? Man kann die Frage am ehesten dadurch beantworten, daß man zu sagen versucht, was der Staat *nicht* sei. Was ist er nicht? Er ist keine dem Menschen eingeborene Gesellschaftsform. Er widerspricht sogar dem ursprünglichen Sozialverhalten des Homo sapiens, das sich auf Familie und kleine Gruppierungen beschränkt. Diese Form der Geselligkeit räumt der Ausprägung einzelner Persönlichkeiten in der Gruppe einen weitaus größeren Spiel- und Entfaltungsraum ein als z. B. die Herde oder das Rudel oder die Meute ihren Individuen einzuräumen in der genetischen Lage ist. Trotz dieser Einschränkung individueller Freiräume zugunsten sozialer Disziplin sind Herde, Rudel oder Meute noch weit entfernt von dem, was wir Staat nennen und was der Staat de facto auch ist: ein genau organisiertes und strukturiertes soziales Gebilde.

Werfen wir, um die staatliche Sachlage zu verdeutlichen, kurz einmal einen Blick auf genuine Staatenbildungen in der Natur, etwa bei Ameisen. Die einzelne Ameise, genetisch auf ihre Stellung im Gemeinwesen programmiert, hat zwar auch Individualität; aber diese ist relativ eng begrenzt durch die jeweilige Einordung in das Staatsgefüge. Eine solche Form des absoluten Staates, in dem das einzelne Individuum a priori den ihm zugewiesenen Platz akzeptiert, gibt es nur bei wenigen Insektenarten: bei den Ameisen, bei den Termiten oder den Bienen. Herden, Meuten oder Horden hingegen bilden in diesem biologischen,

aber auch im staatswissenschaftlichen Sinn keinen Staat.
Sie sind Zweck-Gemeinschaften ohne das strenge Prinzip
der Aufgaben- und Arbeitsteilung, das den Insektenstaat
charakterisiert. Gewiß, auch in anderen biologischen Gemeinschaften wird in unterschiedlichem Umfang Zusam-
menarbeit beobachtet – aber nie in einem so streng organi-
sierten System der Arbeitsteilung wie dies bei Bienen und
Ameisen der Fall ist. Das staatliche Sozialverhalten verlangt eine individuelle Selbstentäußerung und damit einen
Verzicht auf individuelle Entfaltung, der fast schon an skla-
vische Unterwerfung grenzt (oder in unseren Augen sklavi-
scher Unterwerfung gleichkommt). Daß die Ameise dennoch nicht zum sklavischen Funktionsträger herabsinkt,
sondern noch Individuum bleibt und sich auch durchaus in-
dividuell verhält, bewies der Würzburger Zoologe Hölldobler in seinem ebenso an– wie aufregenden Forschungs-
bericht über »The Ants«. Zusammen mit seinem Mitarbei-
ter erhielt er für sein außerordentliches Werk sogar den in
Amerika hoch angesehenen Pulitzer-Preis. Was übrigens
die Ameisen angeht: Schon Jahrtausende vor Hölldobler
empfahl König Salomo seinen Zeitgenossen die Ameisen
zu beobachten und von ihnen zu lernen, wie das Zusam-
menwirken in der Gemeinschaft produktive Ergebnisse
zeitige ...

Im großen Unterschied zur Ameise ist der Homo sapiens allerdings genetisch weder auf Staat programmiert,
noch verfügt er über »Herdeninstinkte«, obwohl er sich in
der Menge durchaus oft herdenmäßig verhält. Vielmehr
muß der Homo sapiens größere Gemeinschaft erst mühsam erlernen und sich in sie nicht minder mühsam einüben.
Dementsprechend instabil ist solche Einordnung. Die Menschen müssen ständig auf der Hut sein, um die erreichte
Ordnung nicht in Unordnung, in Anarchie umkippen zu
lassen. Das heißt: Selbstdomestikation und Selbstdisziplin
sind notwendig als Vorstufe zur Zivilisation, zur Verbür-
gerlichung des Menschen. So ergibt sich die paradoxe

Lage, daß der Homo sapiens durch seinen Taten- und Erfindungsdrang und seine unersättliche Lebens-Neugier einerseits unentwegt zur Erweiterung seiner Freiheitsräume ermächtigt und andererseits gezwungen wird, durch »Politik« diese Freiheitsräume zu behaupten, abzusichern und auch abzugrenzen. Daß er, diesen politischen Notwendigkeiten folgend, unbewußt auf Grund-Strukturen des Insekten-Staates zurückgreift und sie mit seinen eigenen Vorstellungen vom Staat erfüllt, ist eine jener großen Merkwürdigkeiten der Menschheitsgeschichte im Spannungsfeld von Natur- und Selbst-Bestimmung, die uns immer wieder in höchstes Erstaunen versetzen.

Ein *zóon politikón,* wie Aristoteles meinte, ist der Mensch also sui generis wohl nicht; er hat sich erst a posteriori dazu gemacht. Ob zu seinem Vorteil, bleibe dahingestellt. Der Nietzsche-Adept Gottfried Benn meinte recht schnoddrig, der Begriff des zóon politikón sei »ein griechischer Mißgriff«, eine »Balkanidee«. Nietzsche seinerseits vermutet, der »Staat« sei das Produkt menschlicher Feigheit, weil der »große Mensch« fehle.

Der große Mensch und der Staat, der Einzelne und die Vielen; der Mensch und die Menschheit; das nach höchstmöglicher, was besagt: göttlicher Selbstverwirklichung drängende Ebenbild Gottes, dem die irdischen Grenzen den Weg versperren – das ist die immerwährende Thematik der zivilisierten Menschheit, die Politik braucht, um zu überleben, und die zugleich die Politik verflucht, weil diese das Sozial-Heil, das sie verspricht, durch das Unheil ihrer kriegerischen Aggressivität ebenso infrage stellt wie durch die Gewalt, die anzuwenden sie gezwungen ist, um die Freiheit des Einzelnen einzuschränken um einer Gemeinschaft willen, die das Individuum bewußt oder unbewußt als »unnatürlich« empfindet.

»Der Staat«, sagt Jakob Burckhardt in den ›Notizen zu den weltgeschichtlichen Betrachtungen‹, »ist die Angleichung der Egoismen und soll froh sein, wenn er es zu einem allgemeinen Pflichtgefühl bringt, nicht aber das Göttliche auf Erden verwirklichen zu wollen.« Aber genau dies, die Vergöttlichung des Staates, strebt das menschliche Kunstgebilde Staat unentwegt an und muß es anstreben, um seinen Willen durchsetzen zu können: nämlich eine gerechte Ordnung zu stiften und Allmacht im Namen seiner Bürger zu demonstrieren – Allmacht nach innen und Allmacht nach außen. Der Staat verstrickt sich dabei jahrhundertein, jahrhundertaus in Widersprüche, weil er dazu verdammt ist, sich und seinen Gliedern die Illusion vorzugaukeln, daß er die beste aller menschlichen Lebenswelten darstelle, indes er de facto doch nur der Notbehelf einer gefährdeten Species ist. Ihrer natürlichen Sicherungen beraubt und aus ihrem genetisch programmierten Sozialbezug herausgetreten, kämpft diese Species dadurch um's Überleben, daß sie ihre enormen geistigen und seelischen Energien vornehmlich darauf konzentriert, orthopädische Hilfsmittel zu konstruieren. »Der Staat«, läßt sich Nietzsche im ›Zarathustra‹ vernehmen, »lügt in allen Zungen des Guten und Bösen.« Er *muß* lügen und sich belügen, sei hinzugefügt; spräche er die Wahrheit, dann wäre er gezwungen, seine Unvollkommenheit zuzugeben und damit sich selbst infrage zu stellen.

Kaum ein Denker hat dieses Dilemma in seiner erbarmungslosen Härte und Schärfe so klar erkannt und aus dieser Erkenntnis so harsch die philosophischen Konsequenzen gezogen wie Friedrich Nietzsche. Schon in den Gedanken über den ›Griechischen Staat‹, die er im Zusammenhang mit der Arbeit an der ›Geburt der Tragödie‹ notierte, verwies er auf den grotesken Widerspruch von staatlichem Geltungsanspruch und geschichtlicher Wirklichkeit. »Man sollte doch denken,« schreibt er, »daß ein Wesen, welches in die Entstehung des Staates hineinschaut, fürderhin nur in schaudervoller Entfernung von ihm sein Heil suchen werde, umd wo kann man nicht die Denkmale seiner Entstehung sehen, verwüstete Länder, zerstörte Städte, verwilderte Menschen, verzehrenden Völkerhaß! Der Staat, von schmählicher Geburt für die meisten Menschen, eine fortwährend fließende Quelle der Mühsal, in häufig vorkommenden Perioden die fressende Fackel des Menschengeschlechts«. »Aber«, fügt Nietzsche hinzu, die Ambivalenz des Problems genial diagnostizierend, »aber dennoch ein Klang, bei dem wir uns vergessen, ein Schlachtruf, der zu zahllosen wahrhaft heroischen Taten begeistert hat, vielleicht der höchste und ehrwürdigste Gegenstand für die blinde und egoistische Masse, die auch nur in den ungeheuren Momenten des Staatslebens den befremdlichen Ausdruck von Größe auf ihrem Gesichte hat.«

Die Versammlung und Organisation von Massen zum Zweck des Staates kann nach Meinung des jungen Nietzsche nur dann einen Sinn gewinnen, wenn dieser Staat wörtlich, »seinem letzten Zwecke nach eine Schutz- und Pflegeanstalt für einzelne, für den Genius« darstelle – »so wenig auch der grausame Ursprung und das barbarische Gebaren desselben auf solche Ziele hindeutet.« Fragmente des Nachlasses bezeugen, daß diese Einsicht nicht nur ein jugendlicher Gedankenblitz war; sie konzipierte bereits ein denkerisches Programm.

»Alles was der Mensch im Dienste des Staates tut«, sagt Nietzsche, »geht wider seine Natur.« Für die Antike habe gegolten, daß die Gewalt »das erste Recht« gebe, und kein Recht sei, »das nicht in seinem Fundamente Anmaßung, Usurpation und Gewalt« berge. An diesem Faktum könne abgelesen werden, »mit welcher mitleidlosen Starrheit die Natur, um zur Gesellschaft zu kommen, sich das grausame Werkzeug des Staates schmiedet.« (Der griechische Staat)

Das grausame Werkzeug des Staates – nicht die Natur schmiedet es, wie Nietzsche meint. Aber die Natur zwingt den Menschen, sobald er sich zusammenrottet mit seinesgleichen, dieses Werkzeug aus eigenem Entschluß zu schmieden. Dennoch sollte nach Nietzsche, »der Sinn des Staats nicht der Staat, noch weniger die Gesellschaft sein:

sondern Einzelne.« Dieser Nachlaß-Notiz korrespondiert im ›Zarathustra‹ der kühne Satz: »Wo der Staat aufhört, sind die Brücken zum Übermenschen.« Das heißt: Nicht nur der Mensch ist, folgen wir Nietzsche, etwas, das überwunden werden muß, sondern auch der Staat. Er ist ein notwendiges Übel, um den Menschen, den er organisiert und reglementiert, überwinden zu helfen zugunsten eines neuen Typus Mensch. Dieser neue Typus Mensch soll mehr repräsentieren als nur den »mündigen Bürger« Kants, den Nietzsche als die »höchste Formel für den Staatsbeamten« karikiert – wie er überhaupt Kant vorwirft, daß er »die Griechen noch nicht entdeckt« habe und daher »plumpe philosophische Pedanterie und Kleinstädterei« betreibe.

Der Staat ist etwas, das überwunden werden muß ... Es ist eigenartig, aber vielleicht auch geistesgeschichtlich konsequent, daß sich hier Tendenzen des 19. Jahrhunderts begegnen, die, obwohl diametral verschieden, in ihrem Kern gemeinsamen Ursprungs sind. Dieser gemeinsame Ursprung heißt: das Unbehagen am real existierenden Menschen der Neuzeit. Die Therapie gegen dieses Unbehagen wird gesucht in der Erlösung des Menschen vom Menschen, nachdem es dem Christenum innerhalb von zwei Jahrtausenden nicht gelungen war, den Menschen mit dem Menschen auf Dauer zu versöhnen und auch die säkularisierende Radikalkur des Rationalismus im späten 17. und im 18. Jahrhundert keine zukunftsweisende sozial-praktische Lösung des Problems zu liefern vermochte. Erst Rousseau schien Mitte des 18. Jahrhunderts den Bann zu brechen, indem er die Emanzipation des Einzelnen als Gleichheit aller proklamierte und in der Rückkehr zum natürlichen Ursprung der Spezies die einzige Möglichkeit sah, den Menschen wieder sich selbst nahezubringen. Der »neue Mensch« wurde an den Horizont der nächsten morgendlich heraufdämmernden zweieinhalb Jahrhunderte projiziert und erfüllte diese mit anthropologischen Heilserwar-

tungen sehr verschiedener Art. Und sie forderten prome-
theische Schicksalsentwürfe für diesen »neuen Menschen«
der Zukunft geradezu heraus.

Einer dieser Schicksalsentwürfe ist Nietzsches Vision
vom Übermenschen, ein anderer ist niedergelegt im Kommunistischen Manifest. Es stammt von Karl Marx und
Friedrich Engels. Das Heilsversprechen von Karl Marx proklamiert die proletarische Weltrevolution mit dem Ziel einer klassenlosen Gesellschaft, in der die altruistische Idee
der französischen Revolution: »Freiheit, Gleichheit, Brüderlichkeit« ebenso radikale wie endgültige Wirklichkeit
werden soll.

Lenin, der Vollstrecker dieser kommunistischen Verheissung im Geiste Hegels, verkündet späterhin konsequent
die Liquidation des Staates durch den Staat. Wo alle gleich
und glücklich seien, so lautet seine primitive Formel, habe
der Staat sein Recht verloren.

»Alles, was der Mensch im Dienste des Staates tut, geht
wider seine Natur.« Dieser Satz stammt allerdings nicht
von Lenin. Er stammt von Nietzsche. Er bekundet, wie nah
sich die Einschätzungen dessen, was Staat genannt wird,
durch diese beiden unheimlichen Wertezertrümmerer der
europäischen Gesellschaft kommen. *Der* neue Mensch,
die neuen Menschen – das ist hier die utopische Projektion
einer sich mehr und vervollkommnenden Menschenwelt.
Allerdings: Der eine sieht in den Massen lediglich nur die
Brücke, die sie mit ihren Rücken für den Übergang des
Menschen zum Übermenschen bilden. Der andere vermutet gerade in den Massen die Zukunft der Menschheit. Befreit die Revolution sie, dann befreit sie auch den Menschen vom Menschen und damit von mitmenschlicher Will-
kür. Er gibt ihn seiner »Natur« zurück ...

Marx und Nietzsche sehen im Staat einen möglichen
Nothelfer der menschlichen Gesellschaft, aber zugleich
auch deren potentiellen Feind. »Die geistige Aristokratie
muß sich auch Freiheit vom Staat« verschaffen, argumen-

tiert Nietzsche. Und er plädiert für »so wenig Staat als möglich« (mit Ausrufezeichen).

Die andere Seite: In den Thesen über Feuerbach schreibt
Marx: »Der Standpunkt des alten Materialismus ist die
bürgerliche Gesellschaft, der Standpunkt des neuen die
menschliche Gesellschaft oder die gesellschaftliche
Menschheit.« Der eine setzt den Übermenschen an die
Stelle des Staates, der andere die gesellschaftliche Menschheit. Der eine, also Nietzsche, sagt: Du mußt dein Leben ändern, um ein höherer Mensch zu werden. Der andere sagt:
Du mußt dein Bewußtsein verändern, um die Welt aus einer anderen, nämlich der sozialen, brüderlichen, antibür-
gerlichen Perspektive zu sehen mit der erklärten Absicht,
sie grundlegend umzugestalten.

Für Marx ist die Wirklichkeit des Menschen unbescha-
det seiner anthropologischen Realität derart veränderbar,
daß sie seinen Entwürfen zu entsprechen vermag. Als letzte
der Thesen über Feuerbach formuliert Karl Marx den berühmten Satz: »Die Philosophen haben die Welt nur verschieden *interpretiert*; es kömmt darauf an sie zu verändern.« Mit anderen Worten: Der Mensch wird unter dem
Vorzeichen materialistischer Heilsversprechen erneut auf-
gerufen, sich die Welt untertan zu machen.

Und Nietzsche? Er ruft den Einzelnen auf zum *Entwurf*
seiner eigenen Persönlichkeit über sich hinaus. Denn, so
lautet eine Nachlaß-Notiz, »der Mensch ist kein Fortschritt gegen das Tier, der Kultur-Zärtling ist eine Mißge-
burt ...«

Der europäische »Kultur-Zärtling« der späten Neuzeit
repräsentiert für Nietzsche die décadence schlechthin.
Dazu eine weitere Nachlaß-Notiz: »Die Menschheit avanciert nicht, sie existiert nicht einmal. Der Gesamt-Aspekt
ist der einer ungeheuren Experimentier-Werkstätte, wo einiges gelingt, zerstreut durch alle Zeiten, und Unsägliches
mißrät, wo alle Ordnung, Logik, Verbindung und Verbind-
lichkeit fehlt.«

Weil dem so ist, bleibt nach Nietzsches Meinung der einzelne, der »große« Mensch sozusagen immer wieder in der Menschheit stecken. Er wird von ihr, und das heißt: von ihrer Durchschnittlichkeit daran gehindert, zu sich selbst zu finden und ein »höherer« Mensch zu werden – ein Mensch, der sich seiner selbst sicher wird im Bewußtsein dessen, was in ihm über den Menschen hinaus angelegt ist. Hier unterscheidet sich Nietzsche diametral von Marx, mit dem ihn zugleich die erbarmungslose, liquidatorische Kritik an der bürgerlichen Gesellschaft verbindet.

Nietzsche richtet den Blick zurück auf die frühen Griechen, auf die, wie er sagt »ewigen Kinder«, die ebenso naiv wie genial, ebenso rücksichtslos wie nobel, ebenso leidenschaftlich wie schönheitsbesessen und ebenso klug wie ruhmsüchtig eine »vollkommene Form der Kultur« schufen. Seither haben sie »unsere und jegliche Kultur als Wagenlenker in den Händen.« Deshalb, ich zitiere immer noch Nietzsche, hat »das Griechentum für uns den Wert wie die Heiligen für die Katholiken.« (1885) Und warum haben sie diesen Wert? Nietzsche gibt die Antwort durch sein antikisches Credo. »Die Griechen sind wichtig«, sagt er, »weil sie eine solche Menge von Einzelnen haben«. Nicht zuletzt um dieses Vorzugs willen hält Nietzsche die Griechen für das »einzig geniale Volk der Weltgeschichte.« Zu dessen größten Genie-Taten zählt zweifellos auch die Einsicht, daß die Menschen weder das Ebenbild der Gottheit seien noch von den Göttern geliebt würden. Zeus verwirft den Menschen als mißlungenes Geschöpf; erst der Titan Prometheus ermöglicht gegen den Willen des Göttervaters den Menschen, Menschen zu werden, indem er ihnen das Feuer bringt und sie in das Handwerk des Überlebens einübt. Zeus läßt ihn dafür an den Felsen schmieden und von Adlern attackieren ...

Nietzsche, der große und genaue Kenner der Antike, weiß selbstverständlich auch, daß die freie Entfaltung einer »solchen Menge von Einzelnen« in der hochkultivierten griechischen Gesellschaft ihren Preis hatte. Er hieß Sklaverei. Diese aber irritiert ihn, der den großen Menschen um jeden sozialen Preis im Blick hat, ebenso wenig wie sie den Griechen Gewissensbisse verursachte. Sie hielten das Sklaventum für selbstverständlich und das heißt: für sozial notwendig und gerechtfertigt. »Der Sklavendienst der großen Masse ist eine Notwendigkeit« steht bereits in Nietzsches Notizen zum ›Griechischen Staat‹. Dazu ergänzend ein Satz aus der ›Fröhlichen Wissenschaft‹: »Denn zu jeder Erhöhung des Typus Mensch gehört auch eine Art Versklavung hinzu.« Und: »Zum Wesen einer Kultur gehört das Sklaventum.« (Gedanken über den griechischen Staat).

Mit anderen Worten: Die Gesellschaft und damit der Staat, in dem sie sich organisiert, sind aus Nietzsches Gedankenperspektive nur dazu da, dem herausragenden Einzelnen das Herausragen zu ermöglichen – weil nur er Höhe, Rang und Glanz der Sozietät garantiert. Der mitmenschliche Preis spielt eine untergeordnete Rolle. Der Einzelne adelt die Vielen. Sie überdauern durch ihn im Gedächtnis der Menschheit.

In der Geschichte des Abendlandes ereignete sich jedoch genau das Gegenteil von dem, was die »geniale« griechische Kultur zu versprechen schien. Nicht der höhere Mensch überragte und bestimmte die auf die Griechen folgenden Jahrhunderte und Jahrtausende, sondern es pochte und pocht, um weiterhin Nietzsches Argumenten zu folgen, die »Sklavenmoral« auf ihr Recht nach Erlösung von allem Unterdrückungs-Übel. Sie probt nicht nur den immerwährenden Sklavenaufstand, sondern sie verwirklicht ihn auch. Nicht zuletzt das Christentum zerstörte den Traum vom »großen Menschen« und ersetzte ihn durch das demütig-stolze Ebenbild Gottes, das in Christus seinen Erlöser findet und durch ihn aus dem Staub, in den es sich selbst stößt, wieder zum Ebenbild Gottes erhebt. Ob mächtig oder gering: vor Gott sind alle Menschen gleich klein und gleich groß. Der große Mensch muß sich erniedrigen, um groß sein zu dürfen. Der Kaiser ist nicht mehr, wie im antiken Rom, der Pontifex maximus, sondern er empfängt seine Krone von dem ihm übergeordneten Pontifex maximus, dem Papst.

Anstelle des Sklavenstaates wird nun der Gottesstaat proklamiert. Augustinus entwirft ihn antagonistisch zum weltlichen Staat, sozusagen als dessen andere Seite – zu ihm gehörig, aber dennoch von ihm verschieden. »Zweierlei Liebe« heißt es bei Augustinus, »hat die beiden Staaten gegründet: den irdischen die Selbstliebe, die bis zur Verachtung Gottes geht, den himmlischen die Liebe Gottes, die bis zur Selbstverachtung führt. Jener rühmt sich in sich selbst, dieser im Herrn. Der eine sucht Ruhm bei den Menschen, dem andern ist der höchste Ruhm Gott, der Zeuge des Gewissens. Voll Stolzes erhebt der eine in seinem Ruhm das Haupt, der andere spricht zu seinem Gott: ›Du bist mein Ruhm und hebst mein Haupt empor.‹ Jenen beherrscht in seinen Fürsten die Herrschsucht, über unterjochte Völker zu herrschen; in diesem dienen beide einander in Liebe, die Fürsten in der Sorge für die Völker, die Völker aber durch Gehorsam. Jener liebt in seinen Mächtigen seine eigene Stärke; diese spricht zu seinem Gott: Lieben will ich dich, Herr, meine Stärke.«

Daß die Epochen nach Christus die Mission des Paulus und derer, die ihm folgten, so mächtig ergriff und den Glanz der griechischen Götter und Heroen ebenso zum Erlöschen brachte wie den imperialen Pragmatismus Roms, liegt nicht etwa, wie Nietzsche meint, vornehmlich in der Stärkung und Herausforderung der Sklavenmoral, sondern in dem anthropologisch unabweisbaren Wunsch nach persönlicher Freiheit, der sich auf Dauer dem Zwang des Sklavenstaates widersetzt. Der Mensch ist nicht zum Sklaven geboren und taugt deshalb auch nicht zum Sklaven. Will und soll er gemeinsame Sache mit seinen Mitmenschen machen, dann muß ihn eine Idee beflügeln und eine Aura derart fesseln, daß sein Sklavendienst nicht mehr als

Sklavendienst, sondern als Dienst an der Sache erscheint. Das heißt: der Staat muß ihm mehr bedeuten als Notbehelf; er muß für ihn einen »höheren« Sinn gewinnen, dem er willig zu dienen bereit ist.

Womit wir wieder beim Ameisenhaufen und seinen staatlichen Strukturen angelangt wären. Gewiß: der Mensch ist kein Insekt, und schon gar nicht eine Ameise. Paradoxerweise ist aber genau dieses Faktum sein (staatliches) Problem. Denn angesichts der staatlichen Menschen-Problematik verblüffen die Parallelen staatlicher Strukturen und Funktions-Abläufe bei Ameisen und Menschen, zumal im Hinblick auf den »Sinn« oder die »Aura« des Gemeinwesens einerseits und auf die Arbeitsteilung, die ihn grantiert, andererseits – allerdings mit dem Unterschied, daß im Ameisenstaat keine Revolutionen stattfinden und keine Erlösungs-Hoffnungen genährt werden. Allein durch ihren Duft hält die Königin Ordnung in ihrem Staat; ihr Duft weist den einzelnen Klassen, den Arbeitern, den Kriegern, dem Hofstaat, ihre Aufgaben zu; er bedient sozusagen die Tasten des genetischen Programmierers, der das Staatsganze steuert. Er verleiht ihm »Sinn«, Lebens- und Überlebens-Sinn. Er ist die Verfassung. Sie ordnet den Einzelnen ein und garantiert ihm zugleich im Gefüge dieser Ordnung die notwendige Freiheit. Eine Ameise könnte nie diesen immensen Einzelbeitrag zur Gesamtleistung des Ameisenstaates erbringen, wenn sie die ihr zugeordnete Arbeit nicht in freier Entscheidung zu leisten imstande wäre. Roboter sind Ameisen keineswegs.

Die seit dem Mittelalter nicht verstummende Auseinandersetzung um die Übereinkunft von Weltstaat und Gottesstaat ist, in diesem Zusammenhang gesehen, auch ein Kampf um die göttliche Aura (anstelle des »Duftes«), die dem Weltstaat jene Anziehungskraft verleiht, durch den die Untertanen bei der Sache gehalten und auf sie eingeschworen werden. »Von Gottes Gnaden«, »unmittelbar zu Gott«, »Statthalter Gottes auf Erden« und ähnliche Formeln – das sind Titel, die mehr sind als Titel: sie verbürgen überiridschen Glanz und Auftrag. Und sie vermitteln den befreiten Sklaven, die sich als »ausgezeichnete« Untertanen wiederfinden, das erhebende Gefühl, mit allen anderen Menschen vor Gott gleich zu sein als Glieder eines gottbegnadeten Ganzen. Nur so werden Sozietäten zu »Reichen«.

Alfred Kantorowicz hat in seinem Geschichtswerk ›Die zwei Körper des Königs‹ die aufregende Aura der gottbegnadeten Staatsautorität, verkörpert durch die Institution des Königs, an mittelalterlichen Beispielen dokumentiert und interpretiert. Der Monarch, der oberste Herrscher im Staat (bezeichnenderweise sträubte sich noch im 18. Jahrhundert der Volksmund dagegen, eine Bienen*königin* oder Ameisen*königin* zu akzeptieren; es fiel schwer, sich den Herrscher eines Staates, und sei er auch nur der eines Insekten-Staates, als Königin und nicht als König vorzustellen) – der Monarch also, durch Gott begnadet, verkörpert, nach Kantorowicz, zum einen die Institution König, zum andern seine eigene, vergängliche Existenz. Die Institution, da göttlich, ist unvergänglich; der irdische Leib hingegen, allen Sünden und Gebresten der Physis ausgesetzt, ist sterblich wie jedermann. Die Würde des Königs wird vornehmlich garantiert durch die Würde und Weihe seines Amtes; der Staat bräche sonst unter schwachen Herrschern sofort zusammen.

Unter solchen Vorzeichen wird die »Sklavenmoral« als Untertanen-Moral staatlich zumindest soweit moderiert, daß sie eine sozial erträgliche und verträgliche Art des Zusammenlebens gewährleistet, ohne sich selbst zum anarchischen Problem zu werden. Der Sklave, der Arbeiter, der Untertan avanciert zum Glied des Staates, er wird Teil von dessen Organismus.

Der schiere Appell an das Pflichtgefühl allein reicht also ebenso wenig aus, um den Staat zusammenzuhalten, wie die Beschwörung des mündigen Bürgers. Hier überschätzten Burckhardt und Kant gleichermaßen die rationalen Kräfte menschlicher Selbstgestaltung. Unter Verzicht auf die Aura des Göttlichen und nur gestützt auf Vernunft und Einsicht ist die »Sklavenmoral« des funktionierenden Ameisenstaates auf die Organisation größerer menschlicher Gemeinschaften nicht übertragbar, ohne die Individuen zum erbitterten Widerstand herauszufordern. Die »Idee« des Staates muß tragen und beflügeln. Ist sie schwach, so ist sie wertlos. Je enger die Menschen zusammenrücken, um so schwerer sind sie zusammenzuhalten. Dies macht die Sache der Demokratie so ungemein schwierig. Und es erleichtert leider die Sache der Demagogen und Diktatoren ...

In die Krise geriet die mittelalterliche Staatsordnung (als Koordination von Gottes-Staat und Säkular-Staat) in der Epoche nach Friedrich dem Zweiten von Hohenstaufen, dem stupor mundi, dem Verwandler der Welt. Die alten Ordnungen zerbrachen, und neue umstürzlerische Kräfte meldeten sich zu Wort – zunächst auflösend, zerstörend und verwirrend, später konkreten Zielen zustrebend: die Vorboten der sich über ein halbes Jahrtausend hinweg verweltlichenden Neuzeit, an deren vorläufigem Ende wir derzeit die chaotische Entwertung aller Werte und damit die drohende Auflösung der bisherigen Gesellschaftsordnungen mitzuerleben gezwungen sind.

Im Zeichen des ICH trat nun der europäische Mensch seinen langen Marsch zur Selbstbehauptung und Selbstverwirklichung an – und beschwor damit jenes Dilemma herauf, das im 20. Jahrhundert seinen chaotischen Orgelpunkt erreicht: das Dilemma des europäischen Nihilismus.

Im Zeichen des Ich, sagt Gottfried Benn, seien wir seit über fünfhundert Jahren damit beschäftigt, unseren Nihilismus zu bekämpfen. Denn dort, wo das Ich seine eigenen Realitäten entwirft, droht es, in diesen Realitäten, die sich als höchst unbeständig, als relativ erweisen, umzukommen.

Die Stationen dieses Kampfes gegen den Nihilismus des europäischen ICH sind beindruckend. Durch ihre Bedeutung markieren sie tragisch die lange Wegstrecke, auf der sich der europäische Geist gegen seine Selbstzerstörung aufzulehnen versuchte. Kepler, Spinoza, Descartes, Montaigne und Bacon, Leibniz, Rousseau, Lessing, Goethe und Schiller, Kant und Hegel (um nur ein paar Namen zu nennen) – sie lieferten mit tragischer, teils beschwörend-altruistischer Inbrunst Entwürfe einer menschlichen Verfassung, die den europäischen Homo sapiens zur Selbstverantwortung ebenso ermächtigen wie verpflichten sollte. Das ICH wird aufgefordert, den Preis für seine Befreiung aus dem Sklavenstand durch Verzicht auf Egoismus zu entrichten, um dadurch wieder sich selbst und somit auch dem Staat jene Aura zu beschaffen, die ihm durch die Neuzeit-Säkularisation abhanden gekommen war. Freiheit, Gleichheit, Brüderlichkeit – das war die Parole der Französischen Revolution, mit der die zweite Etappe (nach Luther) der individuellen Emanzipation des europäischen Menschen eingeleitet wurde. Obwohl der Traum in wenigen Jahren auf den Blutgerüsten Robespierres und im Schall der imperialen Trompeten Napoleons zerstob, wurde er weiter geträumt.

Zwar schien er in der Märzrevolution Frankreichs sowie im Jahr 1848 in Deutschland und Österreich doch noch eine, wenn auch späte und reduzierte Erfüllung zu finden. Aber sie trog ebenso wie die mächtig den Osten überflutende und auch den Westen ergreifende Oktoberrevolution im 20. Jahrhundert. Die neue Gesellschaft formierte sich nicht, weil sie sich unter den historisch-anthropologisch vorgegebenen Umständen gar nicht formieren konnte. Sie ist zur hybriden Deformation um so heftiger gezwungen, je mehr der Einzelne in ihr unter dem Vorzeichen der Gleichheit, Freiheit und Brüderlichkeit nach Selbstverwirklichung lechzt. Die Demokratie macht sich und ihren Bürgern etwas vor, wenn sie feierlich deklariert, alle Macht ginge vom Volk aus. Sie versucht, die göttliche Aura durch die Schimäre »Volk« oder »Gesellschaft« zu ersetzen, und sie verbirgt die Macht, die sie ausüben muß, hinter einer nur scheinbar Gerechtigkeit verheißenden Bürokratie. Letztlich wird sie durch den Ernstfall ebenso zur Disziplinierung durch staatliche Gewalt gezwungen wie jede andere Staatsform auch.

Was bleibt, ist der Katzenjammer des Homo sapiens.

Das nunmehr »gezeichnete Ich«, um bei Benn zu bleiben, wird am Ende der Neuzeit mit den Trümmern einer Zivilisation konfrontiert, die sich fragwürdig geworden ist, und deshalb folgerichtig auch andauernd Fragen stellt, um nicht handeln zu müssen, wo sie nicht mehr handeln kann. Die menschliche Zivilisation weiß sich angesichts der zu globalen Ameisen-Populationen anschwellenden Massenhaftigkeit ihrer Individuen keinen anderen Rat mehr als den einer grotesken Folge von absurden Übersprungbewegungen – von der Subkultur bis zum gigantischen Kultur-Verbrauch, vom Konsumrausch bis zum Produktionsrausch, vom Weltraumflug bis zur Genmanipulation und zur Daten-Autobahn – um sich von den drängenden Existenz-Problemen ab- und läppischen Zeitvertreiben bis hin zur Ausbeutung des Planeten zuzuwenden. Nur durch Heben der Wohlstandsschwelle läßt sich der Einzelne vorerst noch dazu überreden, gemeinsame Sache mit anderen, und das heißt: mit dem Staat zu machen. Aber was werden die emanzipierten ratlosen Massen im sozialen Ernstfall tun? Das ist hier die Frage ...

Obwohl Nietzsche die moderne Demokratie in ihrer hypertrophen sozial-kapitalistischen Phase am Ende des 20. Jahrhunderts nur ahnen konnte, sah er deren Realitäten in allen makabren Einzelheiten voraus. »Europa ist eine untergehende Welt« lautet eine Notiz im Nachlaß.

Nietzsche ist bereits in den achtziger Jahren des 19. Jahrhunderts davon überzeugt, daß sich »unsere ganz europäische Kultur« seit langem schon »mit einer Tortur der Spannung« bewege, »die von Jahrzehnt zu Jahrzehnt wächst, wie auf eine Katastrophe los: unruhig, gewaltsam, überstürzt: wie ein Strom, der ans Ende will, der sich nicht mehr besinnt, der Furcht davor hat, sich zu besinnen.«

Wenn aber eine Kultur sich nicht mehr besinnt, also ihren Weg nicht mehr weiß und sogar Furcht davor hat, sich zu besinnen, verliert sie auch das einzige Ziel aus den Augen, das sie nach Nietzsche haben muß, um sich selbst zu rechtfertigen. »Andere Ziele als große Menschen und große Werke hat die Menschheit nicht,« sagt er.

Entsprechend heftig macht er Front gegen den Sozialismus, dem er vorwirft, die »zu Ende gedachte Herdentier-Moral« und ein »tölpelhaftes Mißverständnis des christlichen Moral-Ideals« zu sein.

In der Tat: es sind die widerstreitendsten Perspektiven, Vorstellungen und Forderungen sowie Herausforderungen, die im 19. Jahrhundert aufeinandertreffen und einander auszuschließen scheinen, obwohl sie doch alle, ob Fichte und Hegel, Schopenhauer oder Marx, Kierkegaard oder Nietzsche, drohendes Unheil durch denkerische Menetekel abzuwenden hoffen – das Unheil eines europäischen Werte-Zusammenbruchs. Die anlaufende Industrialisierung mit ihrem Bedarf an Arbeitssklaven kündigte dieses Unheil ebenso an wie die imperialistischen Ausbeutungs-Feldzüge, der Verlust metaphysischer Bindungen des Menschen ebenso wie das Anwachsen seiner materiellen Begehrlichkeiten.

Der Ruf nach dem »Neuen Menschen«, der angesichts dieser Erscheinungen gegen Ende des 19. Jahrhunderts mit Leidenschaft erhoben wird, verschafft den Ideologen wie den Demagogen in dem Ausmaß Zulauf, in dem die décadence, die kulturelle Auflösung eines gemeinsamen Gestaltungs- und Stilwillens in Beliebigkeit den europäischen Gesellschaftskörper erfaßt.

Jedoch – ob Übermensch, ob Sozialismus oder spätchristliche Beschwörung der mittelalterlichen Glaubens-

welt: in der Abwehr *einer* Perspektive waren sich die hete-
rogenen Wortführer dieser denkerischen Zukunftsent-
würfe und gesellschaftskritischen Polemiken einig, nämlich in der Abwehr einer nüchtern-realistischen, naturwis-
senschaftlich-sachlichen, sprich: anti-idealistischen Ein-
schätzung der Abhängigkeit des Menschen von seiner Natur. Diese Abwehrhaltung findet ihren epochalen Ausdruck in der Frontstellung gegen Charles Darwin und dessen Evolutionstheorie (und innerhalb dieser gegen die Selektion als genetischen Auslöser von Mutationen).

Die christlichen Theologen lehnten den Gedanken einer
Entwicklung der Lebewesen von einfachen zu höheren Formen durch Anpassung, Selektion und Optimierung vitaler
Möglichkeiten ab, weil er einerseits der biblischen Schöpfungsgeschichte zu widersprechen schien (was er bei ge-
nauerem Hinsehen nicht tut), und weil er andererseits das
Ebenbild Gottes, das für seine Handlungen eigenverant-
wortlich zeichnet, seiner Gottähnlichkeit zu berauben und
in eine Natur-Abhängigkeit zu erniedrigen drohte. Daß
Darwin selbst ein gläubiger Christ war und dies zu sein
auch immer wieder beteuerte, half ihm in der zum Teil in-
quisitorisch geführten Auseinandersetzung mit seinen For-
schungsergebnissen wenig.

Die Sozialisten ihrerseits, obwohl Materialisten, miß-
trauten Darwin nicht minder, weil er nach ihren Begriffen
das Selbstbestimmungsrecht des mündig gewordenen Pro-
letariers erneut in Frage zu stellen schien zugunsten einer
natürlichen Bestimmung, die dem menschlichen Wirken
und Wollen Grenzen setzt. Daß nicht das revoluionäre Bewußtsein, sondern die »natürliche Auslese« vornehmlich
Veränderungen im menschlichen Dasein herbeiführen
sollte, paßte ganz und gar nicht in die marxistische Anthro-
pologie. Insbesondere der struggle of life (Kampf um's Dasein), mißfiel den Klassenkämpfern, weil er, nach ihrer Meinung, die gesellschaftlichen Verhältnisse unberücksichtigt
ließ.

Und Nietzsche? Er, der den »Übermenschen« in die Zukunft projizierte – mußte er nicht fasziniert sein von der Vorstellung, durch Zucht und Züchtung jenes höhere Wesen zu ermöglichen, das er als Ziel der Menscheit proklamierte? Darwin, so sagte Nietzsche jedoch, repräsentiere den Geist »achtbarer, aber mittelmäßiger Engländer«. Dieses harte, geringschätzige Urteil hinderte ihn nicht, sich dennoch eingehend mit Darwin zu beschäftigen. Im Gegensatz zu den Theologen und Marxisten nahm er Darwin nicht beim zeitgeistigen Vor-Urteil, sondern beim biologischen Wort mit der erklärten Absicht, über ihn hinauszudenken. Denn über Darwin hinauszudenken sei notwendig, meint Nietzsche, weil dieser »den Geist vergessen habe – was typisch englisch« sei. Entgegen der »geistlosen« Schöpfungs-Erklärung versucht Nietzsche, Evolution nicht als nüchterne Feststellung von Fakten hinzunehmen, sondern sie zum Gegenstand philosophischer Reflexion zu machen. Dabei entfaltet er bedeutenden naturwissenschaftlichen Sachverstand, gestützt auf erstaunliche naturwissenschaftliche Kenntnisse. Seine Auseinandersetzung mit Darwin spitzt sich auf die Kernfrage zu, ob die Erhaltung der Art oberstes Lebensprinzip sei oder ob der Erwerb von Lebens-Mehrwert durch Einzelne, das »Stärkerwerden« der Individuen, wie Nietzsche sagt, dem Dasein der Lebewesen und nicht zuletzt dem der Menschen einen Sinn gäbe und damit eine Höherentwicklung der Species auslöse. Oder, mit anderen Worten im Sinne Nietzsches gesagt: es geht um die Rechtfertigung des Willens zur Macht und dessen höchster Verkörperung im Übermenschen gegenüber einer Vorstellung von Selektion, die letztlich nur Species-Durchschnitt als Summa garantiert. »... Der Mensch: *nicht* die Menscheit ...« notiert Nietzsche im Frühjahr 1888. Und er fährt fort: »die Menschheit ist viel eher noch ein Mittel, als ein Ziel. Es handelt sich um den Typus: die Menschheit ist bloß das Versuchsmaterial, der ungeheure Überschuß des Mißratenen, ein Trümmerfeld ...«

Und er beklagt, ebenfalls im Frühjahr 1888 unter der
Überschrift ›Anti-Darwin‹: »Was mich beim Überblick
über die großen Schicksale des Menschen am meisten überrascht, ist, immer das Gegenteil vor Augen zu sehen von
dem, was heute Darwin mit seiner Schule sieht oder sehen
will: die Selektion zugunsten der Stärkeren, Besser-Wegge-
kommenen, den Fortschritt der Gattung. Gerade das Gegenteil greift sich mit Händen: ... Das Herrwerden der mittleren, selbst der untermittleren Typen.«

Darwins Theorie erscheint Nietzsche deshalb bieder
und gedankenlos, weil sie das anvisierte Ziel des neuen
Menschen, der durch sein herausragendes Exempel die
Menschheit verändert, ignoriert. Nietzsche wirft Darwin
vor, daß er die Art dem Individuum, insbesondere dem großen Individuum vorziehe und diesem somit den Status vor-
enthalte, zu dem sich hinaufzuentwickeln seine höchste
Aufgabe sei.

›Gegen den Darwinismus‹ ist eine Eintragung in das Notizbuch überschrieben, das Materialien zum Thema ›Wille
zur Macht‹ enthält (wie ja ohnehin das geplante Hauptwerk eine Art Manifest gegen Darwin genannt werden
könnte). Unter diesem Stichwort notiert Nietzsche:

»Der Einfluß der ›äußeren Umstände‹ ist bei Darwin ins
Unsinnige über s c h ä t z t : Das Wesentliche am Lebenspro-
zeß ist gerade die ungeheure gestaltende, von innen her for-
menschaffende Gewalt, welche die ›äußeren Umstände‹
aus n ü t z t , a u s b e u t e t –. Die von innen her gebildeten
n e u e n Formen sind n i c h t auf einen Zweck hin geformt;
aber im Kampf der Teile wird eine neue Form nicht lange
o h n e Beziehung zu einem partiellen Nutzen stehen und
dann, dem G e b r a u c h e nach, sich immer vollkommener
ausgestalten.« (Hervorhebungen von Nietzsche)

Hier eröffnet Nietzsche Perspektiven, die durchaus
über Darwin hinausreichen, indem sie nicht nur die äußeren »Umstände« für die genetischen Veränderungen, sondern auch die inneren (»der Wille zum Leben«) für die

»Selbstorganisation des Lebendigen« erkennbar machen. Der Wille zum Leben als Akt der Selbsterhaltung des Individuums ist für Nietzsche zugleich auch der »Wille zur Macht«. Er vermag viel. Alle Lebewesen müssen, wie in unseren Tagen Karl Popper anmerkte, mehr und sogar das Höchste wollen, um ihre Lebenskraft zu aktivieren; über sich selbst hinaus gelangen können sie dennoch nicht aus eigener Kraft. Das Regelwerk der Natur bestimmt den Gang des biologischen Geschickes. Das besagt: Die Lebewesen, der Mensch eingeschlossen, können ihre Evolution nicht bewußt »wollen«, so sehr sie auch nach Höherem streben. Die Natur behält das letzte genetische Wort. Die Vermutung (und Hoffnung) Lamarcks, daß auch die erworbenen Eigenschaften vererbbar seien, bestätigt sich, je weiter der Mensch in seiner intellektuellen Entwicklung fortschreitet, immer weniger.

Zwar hat es die Species Mensch fertiggebracht, sich atemberaubend selbst zu vermehren, aber von ihren »inneren Umständen« macht sie immer weniger Gebrauch, um ihre Existenz kulturell-gestaltend zu bewerkstelligen. Die Species luxuriert, anstatt sich zu formieren und zu strukturieren. Und eine Gesellschaft, die luxuriert, das hinwiederum können wir Darwin entnehmen, denaturiert hoffnungslos. Sie kommt sich als Species endgültig selbst abhanden. Das anthropologische Dilemma des hochintelligenten Primaten zwischen individueller und massengesellschaftlicher Verwirklichung ist dementsprechend ebenso unaufhebbar wie unabdingbar. Der Einzelne ist auf die Vielen angewiesen, und die Vielen bedürfen der Einzelnen, um nicht als Masse unterzugehen. Für »genetische Anpassungen« bleibt da wenig Zeit und Raum ...

In seiner Schrift ›Die acht Todsünden der zivilisierten Menschheit‹, stellte rund hundert Jahre nach Nietzsche, Konrad Lorenz lapidar fest: »Der Mensch als einziger die weitere Entwicklung seiner eignen Art bestimmender Selektionsfaktor wirkt leider keineswegs so harmlos wie ein

Raubtier, und sei es das gefährlichste. Der Wettbewerb des
Menschen mit dem Menschen wirkt, wie kein biologischer
Faktor es vor ihm je getan hat, ›der ewig regen, der heilsam
schaffenden Gewalt‹ direkt entgegen und zerstört so ziemlich alle Werte, die sie schuf, mit kalter Teufelsfaust, deren
Tun ausschließlich von wertblinden, kommerziellen Erwä-
gungen bestimmt ist. Was für die Menschheit als Ganzes,
ja selbst, was für den Einzelmenschen gut und nützlich ist,
wurde unter dem Druck zwischenmenschlichen Wettbe-
werbs bereits völlig vergessen.« Soweit Lorenz. Sarka-
stisch könnte man hinzufügen: Was also den Menschen
mächtig macht, wirkt human-kontraproduktiv ...

Das Dilemma, das Nietzsches Interpretation der biologischen Entwicklungsvorgänge und deren energetischer Auf-
ladung offenkundig werden läßt, liegt darin, daß die Un-
Natur des Menschen dessen Natur unentwegt infrage stellt
und umgekehrt. So entsteht ein fataler Teufelskreis. Denn
ebensowenig wie das zoón politicón die Idealform des
Ameisenstaates nachzuahmen oder gar menschlich-ver-
nünftig neu zu gestalten imstande war, ebensowenig kann
der Homo sapiens von sich aus die *grundsätzlichen* Voraussetzungen seiner Existenz verändern. Mit seinem Erbgut
ist er dem Gesetz verpflichtet, nach dem er genetisch an-
trat, so sehr er auch übermenschliche Anstrengungen unter-
nehmen mag, sich von diesem Gesetz zu befreien. Von »Natur aus« hat eben der Mensch vielleicht doch noch andere
Ziele als das, nach Nietzsche, »große Menschen und große
Werke« hervorzubringen – so banal dies auch klingen
mag. Das Ziel der Menschheit ist zuvörderst kein anderes
als das Ziel des Regenwurms, nämlich: für die Species da
zu sein. Verändern sich seine Lebensumstände, gibt es für
den Regenwurm nur zwei Möglichkeiten: entweder er versucht sich anzupassen und fordert somit eine Mutation heraus, die dieser Anpassung Dauer verleiht – oder er stirbt als
Art aus. Der Mensch hat ebenfalls nur diese beiden Möglichkeiten; aber er verfügt auch noch über eine selbstge-

schaffene dritte: er kann die Umstände, die seine Anpassung herausfordern, zu seinen Gunsten zumindest auf eine (erdgeschichtlich allerdings verhältnismäßig kurze) Zeit beeinflussen. Er kann zum Beispiel einen Staat bilden, obwohl er nicht als staatliches Wesen geboren wurde, und er kann in einer Population und Artenfülle überleben, die seiner Species überhaupt nicht vorgegeben ist. Ja, er kann es sich sogar leisten, trotz insektenhafter Massenhaftigkeit einen Individual-Kult zu pflegen, dem er sich eigentlich nur in seiner urtümlichen Erscheinungsform hätte ungestraft hingeben können. Mit anderen Worten: Das genial begabte Wesen Mensch ermöglicht sich eine selbstgeschaffene Welt und macht sie sich untertan. Der Mensch baute sich sozusagen seine eigene Intensivstation, in der er nun am Tropf hängt, den sein Erfindungsgeist unentwegt mit immer neuen Medikamenten versorgen muß.

Auf die Dauer wird der Naturwissenschaftler Darwin wohl doch recht behalten, so sehr wir uns auch gegen die Einsicht wehren mögen, der höhere Mensch sei nicht Ziel der menschlichen Daseinsform, sondern deren Ausnahme. Daß sich die Menschheit dennoch an »höheren Menschen« orientiert, sie bewundert oder verketzert, ihnen nachfolgt (im Guten wie im Bösen) oder sie vergöttert oder stürzt, steht auf einem anderen Blatt zum Thema Sozialverhalten. Es läßt, wenn auch in Grenzen, immer wieder hoffen, daß, solange es Exempel gibt, die statuiert werden können, die Menschheit und die Menschen über sich hinauszudenken imstande seien und zur Sicherung ihres Medikamenten-Nachschubs beitragen könnten, ohne jedoch auf genetische Absicherung dieser Nachschubwege hoffen zu dürfen.

Weder die Antike noch das Christentum noch die Ideologen des 20. Jahrhunderts waren in der Lage, das Dilemma aufzuheben oder mehr als nur auf Zeit zu entkrampfen, von dem unsere Betrachtung ausging: das Dilemma von Individuum und Gesellschaft, von geistig-seelischem

Höhenflug und Sklaven-Existenz, von genetischem Muß und persönlicher Selbstverwirklichung, von menschlicher Idealität und Realität. Dieses Dilemma ist ein Erbteil, an dessen Mehrung die Menschheit von Jahrhundert zu Jahrhundert, von Jahrtausend zu Jahrtausend schwerer zu tragen hat. Je stärker die Menschheit anschwillt, um so größer wird dieses Dilemma, und um so geringer werden die Chancen des Einzelnen, sich als höherer Mensch zu empfehlen. Keine Mutation kommt ihm zu Hilfe, seine Mängel zu überwinden. Denn die Mutation begünstigt nie den Einzelnen, sie begünstigt nur die Art. Der Einzelne ist ihr gleichgültig, denn »unfühlend ist die Natur« (Goethe). So muß das »Gezeichnete Ich« sein Schicksal auf sich nehmen und, wie Gottfried Benn schreibt, »schweigend die Verwandlung erwarten.« Diese Verwandlung braucht Zeit. Bevor die Natur eine Art durch Mutation zu einer »höheren« oder auch nur zu einer anderen Art erhebt, wägt sie mehr als nur Jahrtausende ab. Erzwingen kann diese natürlich-sinnvolle Erbveränderung kein lebendes Wesen, auch nicht der Mensch, mag er genetisch noch so virtuos manipulieren. Lamarcks Vermutung, daß auch die erworbenen Eigenschaften schließlich vererbbar seien, erweist sich im Licht unserer Erfahrung tatsächlich als Utopie.

»Alle praktischen Menschen«, sagt Goethe (Maximen und Reflexionen), »suchen sich die Welt handrecht zu machen; alle Denker wollen sie kopfrecht haben. Wie weit es jedem gelingt, mögen sie zusehen.« Und sehr gelassen rät er, sich tätig in den menschlich-allzumenschlichen Verhältnissen einzurichten und jeden Tag aufs neue zu ›probieren‹, was er (wörtlich) »ist und was er war / was er kann und was er mag.«

Nietzsche hat sich mit Goethe zeit seines Lebens verehrend produktiv auseinandergesetzt. Er bewunderte dessen »helle und gütige Apotheosenkunst«, ist entzückt, feststellen zu können, daß Goethe eine Ahnung davon vermittle, »wie der Geist in den Sinnen heimisch sei und die Sinne im

Geist«. Hier, im Werk und in der Person Goethes, fand er
seinen eigenen antikischen Existenzentwurf unangestrengt
bestätigt. »Wie selten trifft man auf einen«, notiert er in
›Menschlich-Allzumenschliches‹, »der froh mit sich im Ge-
dränge fortleben kann wie Goethe.« Er beneidet diesen großen Ahnen, als den er ihn apostrophiert, um dessen Lebens-
gelassenheit – eine Gelassenheit, die ihm völlig mangelt.
Deshalb bewahrt er sich wohl auch einen Rest Skepsis gegenüber dem Goethe'schen Menschen. »Der Goethe'sche
Mensch« schreibt er in ›Schopenhauer als Erzieher‹, »ist
eine erhaltende und verträgliche Kraft, aber unter der Gefahr, ... daß er zum Philister entarten kann ...«. In der Tat:
zum Übermenschen taugt Goethes Menschenbild nicht –
zum Übermenschen, dem Goethe bereits hundert Jahre zuvor (nämlich im ›Urfaust‹) durch den Erdgeist eine Absage
erteilen läßt: »Welch erbärmlich Grauen faßt Übermenschen dich!«, ruft der Erdgeist Fausten zu. Und wovor er-
faßte den erkenntnis-gierigen Faust Grauen? Vor dem Ant-
litz der Natur, das in seiner Universalität zu begreifen ihm
verschlossen bleibt, weil er nur dem Geist zu gleichen vermag, den *er* begreift. Das heißt: sein Horizont bleibt begrenzt, so hoch er sich auch zu erheben trachtet ...

Von Goethe zu dem bereits mehrfach zitierten Gottfried
Benn. Ein säkularer Schritt über ein Jahrhundert hinweg,
der den Bruch der Zeiten ebenso heftig dem Bewußtsein
aufdrängt wie Nietzsches heroische Geste, diesem Bruch
Perspektiven in die Zukunft abzugewinnen.

Nietzsche, dieser größte und tiefste Menschen-Optimist
des 19. Jahrhunderts, der an die Neugeburt des Menschen
glaubte und mit dem fortschrittlich drapierten Alten Adam
in's Jahrtausendgericht ging, indem er ihm seine Torheiten
und Lügen, seine Verwerflichkeiten und Feigheiten wie
kaum ein anderer Philosoph rücksichtslos vorhielt und der
sich nicht mit kleinen Glücken und sozialen oder politischen Notbehelfen, also mit anthropologischen Kompro-
missen zufrieden geben wollte, aber auch keine kategori-

schen Imperative und keine kommunistische Umarmung empfahl, sondern stattdessen als neuer Prometheus das antike Menschenbild beschwor – dieser Friedrich Nietzsche fand im 20. Jahrhundert viele Bewunderer und Epigonen, kritische und euphorische, angemessene und unangemessene. Er wurde ideologisch mißbraucht und philosophisch geplündert – und er wurde und wird in jeder Generation neu entdeckt und aufpoliert. Aber er fand in diesem 20. Jahrhundert nur einen einzigen ebenbürtigen Nachfolger: Gottfried Benn.

Benn dachte den europäischen Nihilismus, den Nietzsche heraufdämmern sah, konsequent zu Ende. Was er jenseits dieses Nihilismus entdeckte, das war allerdings nicht der Übermensch (sozusagen als Apotheose des emanzipierten ICHS), sondern es waren »die Leere und das gezeichnete Ich«. Benn teilt Nietzsches prometheischen Optimismus nicht. Was er mit ihm teilt, das ist jedoch die Überzeugung, daß »die Welt« sich nur »ästhetisch rechtfertigen« lasse – also Sinngebung durch Stil. Das ist eine Maxime, die Benn leitmotivisch von Nietzsche übernimmt. »Die biologische Spannung endet in Kunst«, schreibt Benn im ›Doppelleben‹. »Kunst aber hat keine geschichtlichen Ansatzkräfte, sie hebt die Zeit und die Geschichte auf, ihre Wirkung geht auf die Gene, auf die innere Erbmasse, die Substanz – ein langer innerer Weg.« Nur durch Kunst und damit durch den »höheren« Entwurf seiner selbst könne der Mensch in seinen höchsten Augenblicken Mensch werden und damit über sich selbst hinauswachsen, und in dem Maß, in dem er über sich hinauswachse, vereinsame er zugleich.

Fünfzehn Jahre zuvor, Mitte der dreißiger Jahre, hatte Benn in dem Aufsatz ›Dorische Welt‹ geschrieben: »Die Zeitalter enden mit Kunst, und das Menschengeschlecht wird mit Kunst enden. Erst die Saurier, die Echsen, dann die Art mit Kunst. Hunger und Liebe, das ist Paläontologie, auch jede Art von Herrschaft und Arbeitsteilung gibt es bei den Insekten, hier *diese* machten Götter und Kunst, dann nur Kunst. Eine späte Welt, untermauert von Vorstufen, Frühformen des Daseins, alles reift in ihr. Alle Dinge wenden sich um, alle Begriffe und Kategorien verändern ihren Charakter in dem Augenblick, wo sie unter Kunst betrachtet werden, wo sie sie stellt, wo sie sich ihr stellen. Der Mensch, die Mischgestalt, der Minotaurus, als Natur ewig im Labyrinth und in seiner Fassung kannibalisch, hier ist er akkordisch rein und in Höhen monolithisch und windet die Schöpfung jenem anderen aus der Hand.«

Sätze wie diese korrespondieren aufregend mit jenem oft mißverstandenen und mißdeuteten Satz Nietzsches, wonach Kunst »Lüge« sei. Das Wort Lüge, im außermoralischen Sinn gebraucht, besagt im Zusammenhang von Nietzsches Ästhetik nichts anderes als dies: Wenn es der Mensch, zum Bewußtsein seiner selbst und seiner Mitwelt gelangt, nicht fertigbringt, sich über die Welt (und auch über seinesgleichen) etwas vorzumachen, sich über sie hinwegzusetzen, dann geht er an ihr zugrunde. »Unfühlend ist die Natur« – noch einmal sei auf diese lapidare Erkenntnis Goethes verwiesen. In dem fühlenden und erkennenden Menschen muß solche Einsicht einen Existenz-Schock ohnegleichen auslösen – einen Schock, den nur die »Lüge über das Dasein« (Nietzsche) zu entkrampfen vermag – die Lüge nämlich, daß der fühlende Mensch seine Erlebniswelt zu beseelen, ihr Wärme zu verleihen imstande sei. Diese Lüge verleiht dem Menschen Überlebenskraft. Er kann seine Welt erträglich gestalten, indem er sie sich erträglich vorstellt – durch Religion, durch Kunst. Die »heile Welt« mag für die Existenz-Anarchisten und destruktiven Aufklärer unserer Tage etwas sein, was zum Totlachen reizt – eine Sehnsucht der Menschen wird die Projektion eines »höheren Lebens« bleiben, so lange sich diese über die Erbärmlichkeit ihres Daseins zu erheben versuchen.

Deshalb ist das ästhetische Bekenntnis zur menschlichen Weltgestaltung – nach Benn – auch die einzige Waffe

gegen den Nihilismus, der das europäische Menschenge-
schlecht ergriffen hat und den es unentwegt zu überspringen oder zu verbergen sucht durch Taten, die sich als sinnlos erweisen und dadurch den Nihilismus nur noch poten-
zieren. Sich dem Nichts stellen, seine »formfordernde Gewalt« akzeptieren und durch Kunst das Gegenglück des
Geistes proklamieren – das ist die Botschaft des gezeichneten Ichs in einer sich selbst abhanden gekommenen Menschenwelt. Durch Kunst allein kann der Mensch beweisen,
daß er Mensch sei. Sie ist die Ingredienz der idealen Huma-
nität, die zugleich eine reale ist. Schiller spricht in seiner
Schrift ›Über die ästhetische Erziehung des Menschen‹ am
Beginn des bürgerlichen Zeitalters ähnliche Gedanken aus.

Benn leidet an der selbstverschuldeten Problematik der
Menschheit; dennoch akzeptiert er sie. Im Optimisten
Nietzsche und dessen Übermenschen-Vision entdeckt er,
der ihn verehrt und der ihm soviel verdankt, Züge, die ihm,
ebenfalls Pfarrerssohn, vielleicht gerade deshalb verdäch-
tig erscheinen. An seinen Briefpartner Oelze (Brief vom
5. 3. 1937) schreibt er: »Ich komme endlich dahinter, daß
alle großen Geister der weißen Rasse seit fünfhundet Jahren die eigentliche innere Aufgabe darin erblickten, ihren
Nihilismus zu bekämpfen und zu verschleiern. Dürer, Goethe, Beethoven, Balzac, alle! Was für ein positiver Jüngling
ist eigentlich dieser Nietzsche darunter! Wie treudeutsch
noch der ›Zarathustra‹ und alle diese Züchtungsphantas-
magorien! Doch evangelisches Pfarrhaus! *Das* war sein Zusammenbruch, daß er endlich nicht mehr konnte und sah,
was los war.«

Und sah, was los war. Was war los? Der Konflikt zwischen dem Einzelnen und der Gesellschaft erweist sich als
unaufhebbar und in seiner tragischen Zuspitzung als unab-
wendbar. Die Unnatur des Menschen ließ sich bereits Ende
des 19. Jahrhunderts nicht mehr durch Kunst und nicht
mehr durch Religion beschwören. Der Notbehelf des Staates, seiner Aura entkleidet, verkommt inzwischen zum ver-

spotteten und angefeindeten Verwaltungs- und Verteilungs-
apparat. Der Nihilismus wird nicht einmal mehr be-
kämpft. Er avanciert paradoxer- und absurderweise selbst
zum »Wert«, zum Goldenen Kalb einer Intelligenz, die sich
an der Verneinung wie an einer Untergangs-Droge be-
rauscht. Was bleibt, sind, nach Beckett, »Endspiele«.

Wie notiert Schopenhauer, Nietzsches philosophischer
Ziehvater, in den ›Parerga und den Paralopomena‹
(2/§ 147)? »Am richtigsten werden wir das Leben fassen als
einen desurengaño, eine Enttäuschung: darauf ist, sichtbar-
lich genug, alles abgesehen.« Man ist eben, setzt er an anderer Stelle aufseufzend hinzu, »umso unglücklicher als man
intelligent ist.« Bezeichnenderweise schrieb sich Nietzsche
gerade diesen Satz als Zitat in sein Notizbuch (Frühjahr
1888).

Hundert Jahre später dichtet Gottfried Benn:
»Die Welt zerdacht. Und Raum und Zeiten / Und was
die Menschheit wob und wog, / Funktion nur von Unend-
lichkeiten – die Mythe log.« Was bleibt, ist Sisyphos, der
dennoch das Schwert der Menschheit hält, tragisch, ein
»Hirnhund, schwer mit Gott behangen« (Benn).

Die Mythe log. Am Ende des 19. Jahrhunderts: die Vision der großen Hoffnung auf den neuen Menschen, der
wie ein Phoenix aus der Asche von zweieinhalb Jahrtausenden steigen sollte. Und schon ein halbes Jahrhundert später
der einsame Abgesang des treuesten aller philosophischen
Nietzsche-Jünger, Gottfried Benn, auf den Übermenschen:

> »Der soziologische Nenner
> der hinter Jahrtausenden schlief,
> heißt: ein paar große Männer,
> und die litten tief.«

Einer von denen, die tief litten, hieß: Friedrich Nietzsche.

Müssen wir uns nun von seiner Vision des Übermenschen für immer verabschieden, weil dieser Übermensch,

nach Karl Kraus, »ein verfrühtes Ideal sei, das den Menschen voraussetze«? Anthropologisch eröffnet die Proklamation des Übermenschen keine Perspektiven, das stimmt. Aber als Vision eines groß gedachten Homo sapiens, der, ein Sisyphos, immer wieder tragisch an der unaufhebbaren Ambivalenz von natürlicher Bestimmung und intelligenter Selbstverwirklichung der eigenen Species scheitert, fasziniert dieser Übermensch nach wie vor – als Vision eines neuen Prometheus, der bereit ist, sich an den Felsen schmieden und die Leber zerhacken zu lassen, weil er entgegen aller Enttäuschungen an die Menschen glaubt, an denen er zugleich verzweifelt. Realiter bleibt uns jedoch nichts anderes übrig, als uns mit der Species, der wir entstammen und angehören, so abzufinden, wie sie ist, aber mit dem Blick nach oben zu den Sternen, die wir (frei nach einem Wort von Carl Schurz) zwar nicht ergreifen, an denen wir uns jedoch orientieren können in dieser (nach Novalis) »leidigen Sache«, die Mensch heißt und Menschheit.

HANS-MARTIN GAUGER

»*Es ist nichts mit Schriftstellerei*«

Zu Nietzsches Stil

Friedrich Nietzsche, dieser einsamste Mensch – »Ich bin die Mensch gewordene Einsamkeit« –, dieser Mensch, der am Ende nur noch Schweigen um sich hörte, war, was das Schreiben angeht, Anhänger der Mündlichkeit. Übrigens: ganz am Ende, kurz vor dem Zusammenbruch, hörte er aus der Ferne Stimmen: da war etwas wie ein Echo, ein Widerhall. Nietzsche also glaubte – und äußerte sich explizit darüber – nicht an das Schreiben und hielt es für ein reduziertes, verkümmertes Sprechen. Er war schriftskeptisch, skeptisch also in Bezug auf Schriftlichkeit. Dies verbindet ihn mit den zwei oder drei Männern, die für ihn *die* Gegner waren schlechthin: es verbindet ihn mit Platon (und mit Sokrates) und dann mit Martin Luther, jenem, wie er in ›Ecce homo‹ sagt, »Verhängnis von Mönch«. Lassen wir einmal Paulus aus dem Spiel (dieser gewaltige Autor war nicht schriftskeptisch). Sokrates schrieb *nicht*, wie auch Jesus und der Buddha nicht schrieben; Platon hielt das Schreiben und die Schrift überhaupt für verderblich, wie er es Sokrates im ›Phaidros‹ darlegen läßt. Daher, auch gewiß *daher* schrieb Platon zumeist Dialoge, und Luther schrieb, wie er selbst gelegentlich äußerte, beinahe im Sinne eines Notbehelfs, denn, so sagt er 1543 in der Schrift ›Von den letzten Worten Davids‹: »Die Buchstaben sind tote Wörter, die mündliche Rede sind lebendige Wörter, die geben sich nicht so eigentlich und gut in die Schrift, als sie der Geist oder die Seele des Menschen durch den Mund gibt«. Nietzsche sagt dasselbe wie dieser »unmögliche Mönch«, der sich des »Cultur-Verbrechens« der Reforma-

tion schuldig machte und dadurch in der Tat, so sah es
Nietzsche, die Kirche, die schon in ihrem Zentrum selbst,
also in Rom, so wunderbar heidnisch geworden war, aufs
Neue formierte (»Die Katholiken hätten Gründe, Luther-
feste zu feiern, Lutherspiele zu dichten ...«, VI, S. 359).
Nietzsche also sagt zu Mündlichkeit und Schriftlichkeit
dasselbe wie Luther, aber – um wieviel moderner! In einem
Fragment aus dem Herbst 1882 heißt es: »Das Verständ-
lichste an der Sprache ist nicht das Wort selber, sondern
Ton, Stärke, Modulation, Tempo, mit denen eine Reihe
von Worten gesprochen werden – kurz die Musik hinter
den Worten, die Leidenschaft hinter dieser Musik, die Person hinter dieser Leidenschaft: alles das also, was nicht *geschrieben* werden kann. Deshalb ist es nichts mit Schriftstellerei« (X, S. 89). Somit, in umgekehrter Folge: die Person, das lebendige Individuum – bei Luther: »Geist oder
Seele« –, dann die Leidenschaft in dieser Person, also ihr
Leben, dann die Musik, im weitesten Sinne, als welche
diese Leidenschaft sich äußert, der Tonfall, der, wie man
weiß, »die Musik macht«, schließlich die Wörter, die von
dieser Musik getragen werden, sich in *ihr* erst erfüllen und
ohne sie kaum etwas sind. Es sind aber nun gerade nur und
ausschließlich die Wörter, die – als Folge von Lauten (Pho-
nemen) – geschrieben werden, nur sie retten sich, wie unsere Schrift nun einmal ist, ins Geschriebene hinein ... »Es
ist nichts mit Schriftstellerei.« So also Nietzsches resi-
gnierte Position; Platon und Luther hätten zugestimmt.
Gottfried Benn sagte rückblickend von Nietzsche (und da
redete er für viele), er sei für seine (für Benns) Generation
»das Erdbeben der Epoche« gewesen, und dann (und dies
ist für uns bei diesem Thema wichtiger, und wichtig war es
auch für Benn): Nietzsche sei seit Luther das größte Sprachgenie gewesen, wobei, finde ich, »Sprachgenie« nicht dem
reflexiven und stilistischen Niveau Gottfried Benns entspricht (B. Hillebrand, ›Nietzsche und die deutsche Literatur‹, I, Texte zur Nietzsche-Rezeption, S. 37).

Für Nietzsche – »es ist nichts mit Schriftstellerei« – gab es nur *eine* Rettung für das Schreiben (eine *ungefähre* Rettung): die Nachahmung des Mündlichen, Herstellung, so gut es geht (und es geht überraschend gut) von Mündlichkeit im Geschriebenen selbst.

Es gibt aus dem Sommer desselben Jahres 1882 einen kurzen, bisher so gut wie gar nicht beachteten Text Nietzsches. Er heißt ›Zur Lehre vom Stil‹, und er findet sich unter den ›Nachgelassenen Fragmenten‹; er ist aber kein Fragment; er gehört zu den sogenannten ›Tautenburger Aufzeichnungen für Lou von Salomé‹. Nietzsche hatte die einundzwanzigjährige kluge und schöne deutsche Russin im April des Jahres 1882 in Rom, übrigens im Petersdom, getroffen. An sie richtete sich, während des dreiwöchigen gemeinsamen Aufenthalts in Tautenburg bei Jena, dieser überaus bemerkenswerte Text: er sandte ihn ihr in ihr Hotel mit dem knappen und sachlichen Zusatz (ich komme auf Nietzsches eigentümliche Sachlichkeit zurück): »Einen guten Morgen, meine liebe Lou!«. Ich insistiere auf Lou, um darzutun, daß diese Äußerung alles andere als beiläufig ist. Sie ist ein Text mit Kontext – sie ist Bestandteil eines intensiven erotischen Werbens, wobei Nietzsche in Lou, etwas bieder abgekürzt geredet, nicht nur die schöne Frau, sondern auch den ersehnten intellektuellen Partner sah – und *hörte*. Das Jahr 1882 war das »Festjahr«, wie Nietzsche es nannte; danach, sechs Jahre lang, bis zum 3. Januar 1889 in Turin, geschieht in Nietzsches Leben, zum Kummer seiner Biographen, eigentlich nichts mehr: da ist oder wäre nur noch zu berichten von seinem Schreiben und Denken. Da allerdings, in *diesem* Raum, geschah noch vieles ...

Nun also in aller Kürze zu dem Text ›Zur Lehre vom Stil‹, einer in zehn kurze Abschnitte gegliederten kurzen und gedanklich sehr gedrängten Äußerung: Nietzsches ›Dekalog‹ zum Stil. Er hat wirklich etwas erotisch Sinnliches. Ich beschränke mich auf die ersten drei Abschnitte.

1.

Das Erste, was noth thut, ist Leben: der Stil soll *leben*.

2.

Der Stil soll *dir* angemessen sein in Hinsicht auf eine ganz bestimmte Person, der du dich mittheilen willst. (Gesetz der *doppelten Relation*).

3.

Man muß erst genau wissen: »so und so würde ich dies sprechen und *vortragen*« – bevor man schreiben darf. Schreiben muß eine Nachahmung sein.

(X, S. 22–23, vgl. S. 38–39).

Da haben wir nun an erster Stelle Nietzsches Schlüsselwort überhaupt: »leben«, »der Stil soll *leben*« (dieses Verbum ist hier also unterstrichen). Dann, zweitens: der Stil muß dem Schreibenden angemessen sein, und zwar (dies ist wichtig) nicht nur einfach ihm, sondern ihm, insofern er sich kommunikativ an »eine ganz bestimmte Person« richtet. Man muß also seinen Leser vereinzeln, als Individuum vor sich sehen. Somit in der Tat eine »doppelte Relation«: dir, der du schreibst, angemessen, im Blick auf den, an den du dich – und zwar dich selbst mitteilend – richtest. Nicht also: du teilst *etwas*, sondern: du teilst *dich* mit. Dann die Herstellung von Mündlichkeit: erst mußt du wissen (und zwar »genau«) wie du, was du sagen willst, *sprechen* würdest im gegebenen Falle, dann erst darfst du schreiben. »Schreiben muß eine Nachahmung sein.« In einer früheren Fassung (aus demselben Jahr) hatte es schwächer, weniger dezidiert geheißen: »Schreiben soll nur eine Nachahmung sein«; jetzt also zupackender, sicherer – da sieht man den Stil am Werk –: »Schreiben muß eine Nachahmung sein«. Es folgt dann ein Satz, auf den sich Gelehrte (deutsche zumal) kaum je verstehen: »Je abstrakter die Wahrheit ist, die man lehren will, umso mehr muß man die Sinne zu ihr verführen«.

Soviel zu dem Text ›Zur Lehre vom Stil‹. Betrachten wir nun eine andere, hierher gehörende Äußerung. In ›Jenseits von Gut und Böse‹ in dem besonders witzigen ›Achten Hauptstück‹, überschrieben ›Völker und Vaterländer‹, heißt es:

» – Welche Marter sind deutsch geschriebene Bücher für Den, der das *dritte* Ohr hat! Wie unwillig steht er neben dem langsam sich drehenden Sumpfe von Klängen ohne Klang, von Rhythmen ohne Tanz, welcher bei Deutschen ein ›Buch‹ genannt wird! Und gar der Deutsche, der Bücher *liest*! Wie faul, wie widerwillig, wie schlecht liest er! Wie viele Deutsche wissen es und fordern es von sich zu wissen, daß *Kunst* in jedem guten Satze steckt, – Kunst, die er-rathen sein will, sofern der Satz verstanden sein will! Ein Missverständniss über sein Tempo zum Beispiel: und der Satz selbst ist missverstanden! Dass man über die rhyth-misch entscheidenden Silben nicht im Zweifel sein darf, dass man die Brechung der allzustrengen Symmetrie als ge-wollt und als Reiz fühlt, dass man jedem staccato, jedem ru-bato ein feines geduldiges Ohr hinhält, dass man den Sinn in der Folge der Vocale und Diphthongen räth, und wie zart und reich sie in ihrem Hintereinander sich färben und umfärben können: wer unter bücherlesenden Deutschen ist gutwillig genug, solchergestalt Pflichten und Forderun-gen anzuerkennen und auf so viel Kunst und Absicht in der Sprache hinzuhorchen? Man hat zuletzt eben ›das Ohr nicht dafür‹: und so werden die stärksten Gegensätze des Stils nicht gehört, und die feinste Künstlerschaft ist wie vor Tauben *verschwendet*. – Dies waren meine Gedanken, als ich merkte, wie man plump und ahnungslos zwei Meister in der Kunst der Prosa mit einander verwechselte, Einen, dem die Worte zögernd und kalt herabtropfen, wie von der Decke einer feuchten Höhle – er rechnet auf ihren dumpfen Klang und Wiederklang – und einen Anderen, der seine Sprache wie einen biegsamen Degen handhabt und vom Arme bis zur Zehe hinab das gefährliche Glück der zitternden überscharfen Klinge fühlt, welche beissen, zischen, schneiden will. – « (V, S. 189)

Man schadet sich, wie man sieht, in einem Vortrag über Nietzsche durch Zitate, denn wie sollen die eigenen Sätze bestehen neben solchen? Die mögliche, daraus resultierende Gefahr ist die des Versuchs einer Anpassung. Suchen wir, sie zu vermeiden. Übrigens ist Nietzsche in diesem Buch ›Jenseits von Gut und Böse‹ und dann in dem nächsten ›Zur Genealogie der Moral‹ auf seiner stilistisch sprachlichen Höhe oder Überhöhe. Es sind die Jahre 1886 und 1887, in denen, wie angemerkt, nichts mehr passierte... Peter Sloterdijk redet beiläufig, anläßlich der ›Geburt der Tragödie‹, von der »fast unmenschlichen Brillanz seiner späteren Prosa« (Der Denker auf der Bühne, Nietzsches Materialismus, Frankfurt 1986, S. 17) und meint damit gewiß gerade diese Jahre. »Der Stil ist ausgereift«, erklärt Giorgio Colli ein wenig lehrerhaft in seinem Nachwort zu den beiden Büchern und fährt fort: »ohne Verzerrungen und Überschwenglichkeiten wird das Pathos unter Kontrolle gehalten«. Dann, weniger professoral, also interessanter: »Man erkennt darin auch eine gewisse Müdigkeit, fast eine Übersättigung« (V, S. 420). Doch kehren wir zurück zu unserer Stelle! Sie ist nicht nur und vor allem nicht primär *schön* – man darf Nietzsche nicht ästhetisierend, also unter Vergleichgültigung des Inhaltlichen lesen –, sie ist gedanklich überaus dicht und erfordert, indem sie ja gerade *davon* redet, eine Verlangsamung des Lesens. Nietzsche überhaupt ist langsam, oft *sehr* langsam zu lesen.

Also: »deutsch geschriebene Bücher« und der Deutsche als Leser; darum geht es. Dann das »dritte Ohr«, das diesen Büchern – ein »langsam sich drehender Sumpf von Klängen ohne Klang« – wie auch deutschen Lesern fehle: letztere seien »faul«, »widerwillig«, »schlecht«. Nietzsche redet von »Klängen« und von »Rhythmen«; woraus hervorgeht, daß das Geschriebene für ihn *gehört* werden können muß. Und der Leser seinerseits muß hören *können* mit

jenem »dritten Ohr«. Danach der postulierte Zusammenhang von Hörenkönnen und Verstehen. Das Hören der
»Kunst«, die »in jedem *guten* Satze steckt«, dieses Hören
ist also nichts beiläufig und positiv allenfalls noch Hinzu-
kommendes. Es geht bei diesem Hören um das Verstehen
selbst, um nichts Geringeres. Nietzsche – hier tritt es wieder hervor –, der Anhänger, in seiner Praxis und seiner
Theorie, der Mündlichkeit im Geschriebenen. Deutsch geschriebene Bücher sind für ihn stumm, und deutsche Leser
sind ihm taub. Dann die Identifizierung von Kunst mit Absicht, gerade für Nietzsche, den Anwalt des Instinkts, des
Unbewußten, ist dies bemerkenswert: »auf so viel Kunst
und Absicht in der Sprache hinzuhorchen«. Bemerkenswert und charakteristisch für Nietzsche dann auch – ein
weiterer Punkt – der sozusagen ethische Imperativ zum Ästhetischen, das Künstlerische verbindet sich ihm mit dem
Moralischen, es *wird* geradezu moralisch: von »Pflichten
und Forderungen« redet er in diesem Zusammenhang un-
geniert: »wer unter bücherlesenden Deutschen ist gutwillig
genug, solchergestalt Pflichten und Forderungen anzuerkennen und auf so viel Kunst und Absicht in der Sprache
hinzuhorchen?«. In demselben Buch sagt Nietzsche: »Jede
Moral ist ein Stück Tyrannei gegen die ›Natur‹, auch gegen
die ›Vernunft‹«, und er redet, um dies darzutun, nun gerade von den Schriftstellern (»einige Prosaschreiber«), »in
deren Ohr ein unerbittliches Gewissen wohnt« (Nr. 188).
Sie sind ihm Vorbilder für Moral. Ästhetische Gewissenhaftigkeit als Vorbild für Gewissenhaftigkeit und Gewissen
überhaupt! Also: Moral gleich Zwang – *Wert* dieses
Zwangs, weil er das Leben steigert – die Analogisierung
von Schreiben und Moral, das Gewissen im Akustischen.
Dann das musikalisch Sinnliche dieses »feinen und geduldi-
gen« Horchens: »staccato«, »rubato«; die »Folge der Vocale und Diphthongen«, deren »Färbung« und »Umfär-
bung«. Der Zug schließlich ins Sinnliche überhaupt, geradezu ins Physiologische; dieser Zug kennzeichnet das Den-

ken des späten Nietzsche insgesamt. Herstellung von Hörbarkeit im Geschriebenen und Befähigung zum Hören, ja *Horchen* beim Lesenden; dann die eigentümliche, nämlich unspielerische Strenge der Stilforderung. Stil dient dem Verstandenwerden, er ist überhaupt dienend; er wird dem Moralischen gleichgesetzt oder doch analogisiert.

Hierher gehört das wichtige und nicht selten zitierte Dictum Nietzsches: »Den Stil verbessern – das heißt den Gedanken verbessern, und gar nichts weiter!«. Und Nietzsche fügt insistierend und radikalisierend hinzu: »Wer diess nicht sofort zugiebt, ist auch nie davon zu überzeugen« (II, S. 610, vgl. auch X, S. 398). Schließlich die geforderte Sinnlichkeit im schreibenden Sprechen und im lesenden Hören (»Das Buch soll nach Feder, Tinte und Schreibtisch verlangen: aber gewöhnlich verlangen Feder, Tinte und Schreibtisch nach dem Buche. Desshalb ist es jetzt so wenig mit Büchern‹, II, S. 610). Und diese Sinnlichkeit wiederum, so kommt es heraus, im Dienst des Verstandenwerdenwollens und des Verstehens. Nietzsche will verstanden werden, unbedingt und ganz, er will gehört werden (gehört werden auch in *diesem* Sinn), und dies Element ist vielleicht das wichtigste im Stil seines Schreibens. Und es wird bis zum Ende immer wichtiger. Der Ton wird dann erregter, ekstatischer und, im ›Ecce homo‹, hektisch und auf eine faszinierende Weise, bei aller Heiterkeit, die auch hier keineswegs fehlt, überreizt.

An dieser Stelle ein kurzer Einschub, ein Zwischenruf. Man schmäht heute vielfach das Verstehenwollen. Nichts Ungeschickteres, scheint es, als der Versuch, herausbringen zu wollen, was jemand gemeint hat; man preist das Mißverstehen, das schöpferische oder das Mißverstehen überhaupt. Es gibt zum Beispiel von Jochen Hörisch ein gebildet witziges, aber gedanklich inkonsistentes Buch (aber konsistent will ich doch nicht sein, würde mir strahlend der Autor sagen) mit dem Titel ›Wut des Verstehens‹, übrigens ein seinem Zusammenhang entnommenes Schleierma-

cher-Zitat; es ist ein Buch auf Derrida-Linie (aber ohne die
heitere Genialität des Meisters), ein Buch *gegen* Interpretation, gegen Hermeneutik, obwohl es natürlich – es geht ja
gar nicht anders – seinerseits interpretiert. Diese Philoso-
phen-Philologen, Anhänger der Beliebigkeit (jedenfalls
wenn es um andere geht, entschieden weniger, wenn sie
selbst betroffen sind und sich selbst mißverstanden fühlen), berufen sich auf Nietzsche, auf Nietzsches »Perspektivismus« oder »Interpretationismus«. Aber gerade auf
Nietzsche, meine ich, können sie sich hier nicht berufen.
Dieser nämlich wollte durchaus verstanden werden. In
›Ecce homo‹, seinem letzten für den Druck fertiggestellten
Manuskript, kennzeichnet er den Leser, den *er* sich
wünscht: »ein Leser, wie ich ihn verdiene, der mich liest,
wie gute alte Philologen ihren Horaz lasen«. Dies ist doch
wohl eindeutig. Und die beiden letzten Sätze – eine Frage,
eine Antwort – dieses letzten Werkes, die für sich selbst si-
gnifikant ein ganzer Abschnitt sind, diese Sätze lauten:
»– Hat man mich verstanden? – Dionysos gegen den Ge-
kreuzigten...« (VI, S. 374). Es ist also – am Ende, Tage nur
vor seinem Zusammenbruch – gerade diese Frage, die
Nietzsche an uns richtet, seine allerletzte: habt ihr mich verstanden? Oder, mit einem Wort, das er liebte: verwechselt
ihr mich nicht?

Er wollte gehört und verstanden werden, so wie *er* es
meinte. Dies nun, wahrlich, hat er nicht erreicht. Niemand, kein Denker wurde so sehr und so fatal mißverstanden wie er. Wobei man der Gerechtigkeit halber hinzufügen muß, daß auch keines Philosophen Werk so verfälscht
herauskam wie seines. Trotzdem: es bleibt eine Merkwür-
digkeit. Denn das meiste erschien eben doch so, wie er es
wollte. Es liegt nicht alles an der argen Schwester. Und am
unklaren Ausdruck liegt es auch nicht. Eher schon an Nietzsches Mangel an System. Aber hierzu gibt es unter den
›Sprüchen und Pfeilen‹, mit denen die ›Götzen-Dämme-
rung‹ beginnt, eine klare Äußerung: »Ich mißtraue allen Sy-

stematikern und gehe ihnen aus dem Weg. Der Wille zum System ist Mangel an Rechtschaffenheit« (Nr. 26). Andererseits ist, wie Walter Schulz hervorhebt, Nietzsche doch weit einheitlicher, als man dem angeblichen »Aphoristiker« in der Regel zugesteht: »unter dem Gesichtspunkt formaler Stringenz und Konsequenz des Gedankenbaus ist Nietzsches Philosophie durchaus nicht der systematische Rang abzusprechen. Es ist im Gegenteil festzustellen, daß Nietzsche im höchsten Maße die Forderung der Einigkeit und Geschlossenheit eines Systems erfüllt: mit Hilfe der Kunst« (W. Schulz, ›Metaphysik des Schwebens, Untersuchungen zur Geschichte der Ästhetik‹, Pfullingen, 1985, S. 51). Schulz meint: mit Hilfe der *Stelle*, die Nietzsche systematisch in seinem Denken der Kunst zuweist. Es ist übrigens (ich komme darauf zurück) ein Zusammenhang zwischen Nietzsches Stil und dem zentralen Problem seines Denkens (und auch seines Lebens): der Spannung zwischen Wissenschaft und Kunst.

Es sind, wenn es um Nietzsche und um Stil geht, zwei Themen, zwischen denen man sich entscheiden muß. Sie hängen zusammen, sind aber klar verschieden, und von beiden gleichzeitig sollte man nicht reden. Einmal Nietzsches Meinungen, seine explizite Position zu Sprache und Stil. Davon habe ich ansatzweise geredet. Nietzsche spricht übrigens oft von Stil. »Stil« ist eines seiner charakteristischen Lieblingswörter, besonders zusammen mit dem Adjektiv »groß«: der »große Stil«. Ein Beispiel (aus ›Jenseits von Gut und Böse‹): »Im jüdischen ›alten Testament‹, dem Buche von der göttlichen Gerechtigkeit, giebt es Menschen, Dinge und Reden in einem so großen Stile, daß das griechische und indische Schriftenthum ihm nichts zur Seite zu stellen hat. Man steht mit Schrecken und Ehrfurcht vor diesen ungeheuren Überbleibseln dessen, was der Mensch einstmals war...« (V, S. 72; hierzu L. Ferry in dem Kapitel ›Vom Ultraindividualismus zum Hyperklassizismus. Der ›Große Stil‹« in seinem Buch ›Der Mensch als

Ästhet‹, Stuttgart 1992). Zweites Thema – und ihm will ich mich nun resolut zuwenden – Nietzsches Sprache und Stil selbst.

Sprache und Stil. Ich selbst habe dieses Thema so formuliert, und so wird es in der Regel, auch im Blick auf andere als Nietzsche gestellt, nämlich gerade in *dieser* Reihenfolge. In Wirklichkeit aber, meine ich, sollte es umgekehrt lauten: Stil und Sprache, denn »Stil« ist der Oberbegriff. Dieses große, alte, übrigens nicht griechische, sondern erst lateinische Wort meint hier, jedenfalls für mich, das Umfassende, Übergreifende. Sprache ist hier bloß *ein* Element des Stils (hierüber die Kapitel 9 und 11 meines Buchs ›Über Sprache und Stil‹, München 1995). Ich will nun nicht eintreten in eine Erörterung von Stil in dem Sinne, wie er uns hier interessiert, Stil nämlich im Sinne der besonderen Art des Schreibens eines bestimmten Autors. Stil meint, wir wissen es alle, das *Wie* einer Äußerung, nicht – jedenfalls nicht primär – ihr *Was*. Wobei sich ein bekanntes unlösbares Problem ergibt: einerseits müssen das Was, der gedanklich emotionale Inhalt eines Texts, und sein formales Wie als in gewissem Sinne trennbar angesetzt werden. Zweitens und andererseits ist solche Trennbarkeit dann gerade wieder nicht, jedenfalls nicht in *jeder* Hinsicht, gegeben. In anderen Worten: es gibt Elemente des Was, die zum Wie bereits beitragen (bei literarischen Werken ohnehin). Wichtiger ist mir nun aber dies (und dies mag eher überraschen): Stil ist kein primär *sprachliches* Phänomen, auch nicht bei einem Text. Und noch einen Schritt weiter und radikaler, einfach weil es so ist: der Text selbst ist kein sprachliches Phänomen; er ist es nicht in seinem Kern, in seinem Eigentlichen; er ist nur *auch* (also nicht primär) ein sprachliches Phänomen. Der Text ist ein Etwas, das *nicht* sprachlich ist, das aber im *Medium* des Sprachlichen (im Normalfall im Medium einer einzigen Sprache) erscheint. Und der Stil eines Texts ist nun ein Etwas, eine erlebbare und in gewissem Sinn auch umschreibbare Qualität *an* diesem Etwas, das da sprachlich als Text, als geschriebene Sprachäußerung erscheint. Und da der Text selbst, etwas Nicht-Sprachliches, im Medium des Sprachlichen erscheint, erscheint dann auch der Stil sprachlich. Aber noch einmal: er ist in seinem Kern nicht *sprachlich*. Stil gibt es ja auch anderswo: in der Musik – als Kompositons– und als Musizierstil –, in den bildenden Künsten und sogar außerhalb der Künste, in der Lebenswelt. Also: das Sprachliche, die spezifische, stilbedingte Verwendung von Sprache, ist in einem Text nur *ein* Element seines Stils. Ich würde nicht so insistieren, wenn nicht eigentlich alle Welt axiomatisch voraussetzte, der Stil eines Textes sei ein sprachliches Phänomen.

Es gibt ein einigermaßen berühmtes »postmodernes« Bändchen über unser Thema; jedenfalls (darum will ich dies doch erwähnen) geht sein Titel klar in unsere Richtung: ›Sporen, Nietzsches Stile‹, ›Éperons, Les styles de Nietzsche‹, Paris 1978; der Autor ist kein anderer als Jacques Derrida. Dieser »Essay«, eigentlich ein Vortrag von 1972 auf einem Kolloquium in Cérisy-la-Salle, beginnt anmutig so: »Der Titel, der für diese Sitzung vorgesehen war, lautet *Die Frage des Stils*. Jedoch – mein Gegenstand wird die Frau sein, la femme sera mon objet«. So muß man dies heute machen! Derrida setzt immerhin hinzu: »es bliebe die Frage, ob dies auf dasselbe hinausläuft – oder auf etwas anderes« (der deutsche Text findet sich in: Nietzsche aus Frankreich. Essays von M. Blanchot, J. Derrida, P. Klossowski, P. Lacoue-Labarthe, J.L. Nancy, B. Pautrat, Frankfurt/Berlin, Ullstein, 1986). Die Frau wird hier der Wahrheit gleichgesetzt (Nietzsche hatte – es ist nicht dasselbe – in der Tat gefragt, in der ›Vorrede‹ zu ›Jenseits von Gut und Böse‹, ob die Wahrheit »ein Weib« sei). Ernst Behler merkt in seinem schönen Buch ›Derrida – Nietzsche, Nietzsche – Derrida‹ (Paderborn 1988) an, daß es Derrida hier gelinge, »ziemlich wichtige Ideen über Nietzsche, seinen Stil, seinen Text – seine Wahrheit zu vermitteln« (S. 120). Ich will dies nicht bestreiten (freilich

auch nicht unterstreichen). Ernst Behlers Hinweise erhellen in der Tat ein Stück weit das heiter opake Nietzsche-
Universum Jacques Derridas. Ich kann Sie nur bitten, »an-
spornen«, selbst den Versuch zu machen, aus Derridas
›Sporen‹ etwas zu erfahren über Nietzsches Stil ...

Eigentlich ließen sich alle Merkmale von Nietzsches Stil
an jenem einen Passus, von dem wir ausgingen, dem Abschnitt 246 von ›Jenseits von Gut und Böse‹, zeigen. Es
sind in meinen Augen fünf Merkmale, die Nietzsches Stil
insgesamt kennzeichnen: *Lebendigkeit, Sinnlichkeit, Klarheit, Sachlichkeit* und *Sprachbewußtheit.* Ich will, was ich
damit meine, kurz erläutern und mache also den sicher etwas hilflosen Versuch einer ansatzweise systematisieren-
den Zusammenstellung (denn ein Stil ist ja nicht einfach etwas aus Mehrerem Zusammengesetztes; freilich ist er auch
nicht »rein Entsprungenes«). Wobei wir die *Eigenschaften*
von Nietzsches Stil unterscheiden müssen (Züge, die sich
in einem Stil *ausmachen* lassen) von den *Mitteln* (den nicht-
sprachlichen und den sprachlichen), die sie bewirken, herbeiführen. Freilich kann man diese Mittel auch schon als
Wirkungen des Stils betrachten ...

Also erstens Lebendigkeit. Die Lebendigkeit von Nietzsches Schreibstil liegt in der Nähe zum Gesprochenen, in
der Sprechnähe. Es ist ein Parlandostil, wobei gleich hinzuzufügen ist, daß sich Nietzsches Parlando seinerseits aus-
zeichnet durch eindringliche Lebhaftigkeit: ein unausge-
setztes, unregelmäßig, oft stoßartig drängendes Tempo. Es
ist nicht künstlich erzeugt, sondern entspringt der Bewegt-
heit des Zustands, aus dem heraus er redet, wozu gerade
das unbedingte Verstandenwerdenwollen gehört. Lebendigkeit, also, bewirkt durch Sprechnähe und dadurch, daß
dies Sprechen selbst überaus lebendig ist, lebendig im
Sinne des drängend Kommunikativen. Sprechnähe meint
hier erstens etwas gleichsam Physiologisches, die herge-
stellte Nähe zu einem wirklichen Sprechen, zweitens etwas
Inhaltliches, nämlich eine eigentümliche Dialoghaftigkeit

dieser Schreibweise. Sie ist eigentümlich, weil sie gleichzeitig auch wieder gar nicht dialogisch, sondern monologisierend ist. Ein Beispiel. In der ›Dritten Abhandlung‹ der ›Genealogie‹, in der es um »asketische Ideale« geht, heißt es zu Beginn: »Daß aber überhaupt das asketische Ideal dem Menschen so viel bedeutet hat, darin drückt sich die Grundthatsache des menschlichen Willens aus, sein horror vacui: er braucht ein Ziel, – und eher will er noch das Nichts wollen, als nicht wollen. –«. Dieser Äußerung folgt nun ein kurzer, herablassend witziger, fingierter Dialog. Nietzsche wendet sich direkt an den Leser: »Versteht man mich? ... Hat man mich verstanden? ... ›Schlechterdings nicht! mein Herr!‹ – Fangen wir also von vorne an« (V, S. 339). Und es folgt der zweite Abschnitt, der das knapp Dargelegte nacheinander wieder aufnimmt. Also: ein scheinbar dialogisierendes Monologisieren ...

Dann die Sinnlichkeit. Dieser Zug von Nietzsches Stil beruht einmal, was das Sehen angeht und das, was mit dem Sehen zusammenhängt, auf der enormen Bildkräftigkeit des Sprechens, zum anderen im Akustischen auf dessen schwingender Musikalität. Wobei zu beachten ist, daß Nietzsche mit den Bildern vergleichsweise sparsam ist. Sein Schreiben ist nicht »bilderwüthig und bilderwirrig«, wie Nietzsche selbst die ›Geburt der Tragödie‹ in einem späteren Text abstandnehmend kennzeichnet: es sind wenige, präzis funktionalisierte und oft aparte Bilder. Über den Typus des Gelehrten (in ›Jenseits von Gut und Böse‹), »der sich gehen, aber nicht *strömen* läßt«: »sein Auge ist dann wie ein glatter widerwilliger See, in dem sich kein Entzükken, kein Mitgefühl mehr kräuselt« (V, S. 134). Hierher gehört eine spezifische Verwendung der Farbadjektive, die einer gesonderten Untersuchung Wert wäre. Beispiel: »Ich beneide Bizet darum« – da redet er von ›Carmen‹ –, »daß er den Muth zu dieser Sensibilität gehabt hat, die in der gebildeten Musik Europas bisher noch keine Sprache hatte, – zu dieser südlicheren, bräuneren, verbrannteren Sensibili-

tät ... Wie die gelben Nachmittage ihres Glücks uns wohlthun!« (VI, S. 15). Oder in der ›Klage der Ariadne‹ aus den
Dionysos-Dithyramben« die faszinierende szenische An-
weisung: »Ein Blitz. Dionysos wird in smaragdener Schönheit sichtbar« (VI, S. 401). Oder (wieder ›Jenseits‹): »Ach,
was seid ihr doch, ihr meine geschriebenen Gedanken! Es
ist nicht lange her, da wart ihr noch so bunt, jung und boshaft ...« (V, S. 239).

Dann die Klarheit. Wenn ich in Bezug auf Nietzsche von
Klarheit spreche, so meine ich dieses Wort nicht in dem
blaß intellektuellen Sinn, den es im Deutschen ausschließlich angenommen hat. Es ist hier auch in seinem physika-
lisch physiologischen und also optischen und ästhetischen
Sinn zu nehmen, »Klarheit« muß hier umfassender und
sinnlicher »Helle« meinen: »großer Mittag«, mit Nietzsche selbst zu sprechen. Klarheit, also, im Sinne des Lateini-
schen, wie er auch in den entsprechenden Wörtern der ro-
manischen Sprachen – etwa im Französischen *la clarté* –
ganz erhalten geblieben ist und im älteren Deutschen ja
ebenfalls noch lebendig war: »und die Klarheit des Herrn
leuchtete um sie« (bei Luther, Lukas 2, 9, »und der Glanz
des Herrn umstrahlte sie« heißt es nun in der »Einheits-
übersetzung«), so wohl auch in Goethes dem Herrn selbst
zugesprochenen »So werd' ich ihn bald in die Klarheit führen« (Faust I, ›Prolog im Himmel‹, Vers 310). Nietzsche
sagt übrigens oft direkt »Helle« statt »Klarheit«, zum Beispiel: »erst dann nämlich (er redet vom ›Zarathustra‹) darf
er (der Leser) des Vorrechts genießen, an dem halkyoni-
schen Element, aus dem jenes Werk geboren ist, an seiner
sonnigen Helle, Ferne, Weite und Gewißheit ehrfürchtig
Anteil zu haben« (hier haben wir übrigens schon eine jener
Ausschreitungen in der Selbsteinschätzung, die sich im
›Ecce homo‹ häufen; man vergleiche übrigens Goethe über
Faust II, im Vergleich zu Faust I, an Eckermann am 17. Februar 1831: »eine höhere, breitere, hellere, leidenschaftslo-
sere Welt«; für Nietzsche waren Eckermanns Gespräche

schlicht »das beste deutsche Buch«). Überall nun in dieser gedanklichen, emotionalen, kompositorischen, lexikalischen, syntaktischen Helle – Leserbezogenheit, Dialoghaftigkeit, kein adressatenloses Vor-Sich-Hindozieren. Der Angeredete bleibt scharf, als ob Nietzsche jede seiner Reaktionen beobachtete, im Blick.

Die Kennzeichnung »Sachlichkeit«, von der ich sprach, mag überraschen. Sie trifft auch nicht in jeder Hinsicht zu. Sie trifft aber in einer Hinsicht zu, nämlich im Blick auf die, genau besehen, im Grunde sachbezogene Knappheit dieses Stils. Da ist keine Üppigkeit. Dieser Stil ist ja in einem gewissen Sinn – oder eigentlich überhaupt – ganz unrhetorisch, wenn man unter dem ›Rhetorischen‹ die bekannte Erscheinung versteht, daß die Schreibweise insgesamt, daß ihre sprachlichen Mittel überschüssig werden über das hinaus, was gesagt werden möchte, und vor allem über den emotionalen Impuls hinaus, der das Gesagte bedingt: eine Art Verselbständigung, also, des Sprachlichen, das, was die Alltagssprache kennzeichnend »Worte machen« nennt. Sie sehen: ich wende mich hier etwas gegen die unhistorische Wiederaufwertung des Rhetorischen, wie sie in Schwang gekommen ist. Man kann das Rhetorische gewiß auch anders definieren, wenn man es aber anders definiert, braucht man sogleich einen neuen Begriff, um jenes Phänomen zu bezeichnen, das einfach da ist und eine Bezeichnung erheischt (hierüber das Kapitel 14 meines Buchs »Über Sprache und Stil‹, München 1995). Setzt man eine solche Bestimmung von »rhetorisch« voraus, also einfach die sozusagen bildungssprachliche, die ja ihren Sinn hat, dann ist Nietzsches Stil denkbar unrhetorisch. Es ist da kaum etwas überschüssig über das hinaus, was gesagt wird, und über die Emotion hinaus, die den Text beherrscht. Keine Verselbständigung des Sprachlichen, eher Knappheit der sprachlichen Mittel. Diese Knappheit ist dabei leicht und flüssig. Die Worte, mit denen Nietzsche Bizets ›Carmen‹ kennzeichnet, treffen auch auf ihn, auf sei-

nen Stil zu: »Diese Musik scheint mir vollkommen. Sie
kommt leicht, biegsam, mit Höflichkeit daher. Sie ist liebenswürdig, sie *schwitzt* nicht. ›Das Gute ist leicht, alles
Göttliche läuft auf zarten Füßen‹: erster Satz meiner Aes-
thetik« (VI, S. 13). Gewiß treffen diese Sätze Nietzsche
nicht ganz. Aber sie bezeichnen – und wie! –, was er will
und oft erreicht. Und jedenfalls ist die fließende Leichtigkeit der Nietzscheschen Knappheit hervorzuheben: es ist
keineswegs die bewußt reduzierte, gleichsam gemeißelte
Knappheit gewisser römischer Schriftsteller, etwa des Taci-
tus. Viel näher ist er wiederum Platon und im Deutschen
der Prosa Heines, den er selbst als Pair betrachtete. Eine
Stelle aus ›Ecce homo‹: »Und wie er das Deutsche handhabt! Man wird einmal sagen, da Heine und ich bei weitem
die ersten Artisten der deutschen Sprache gewesen sind – in
einer unausrechenbaren Entfernung von Allem, was bloße
Deutsche mit ihr gemacht haben« (VI, S. 286). »Bloße
Deutsche« – Heine, meint Nietzsche, war Jude, also kein
»bloßer Deutscher«, und er selbst nannte sich in ›Ecce
homo‹ einen »polnischen Edelmann pur sang, dem auch
nicht ein Tropfen schlechtes Blut beigemischt ist, am wenigstens deutsches« (VI, S. 268). Es lag Nietzsche alles daran,
nicht einfach nur ein Deutscher zu sein!

Sprachbewußtheit. Mit dieser Kennzeichnung meine
ich die ständige Präsenz der Sprache und ihrer Mittel hinter dem Sprechen, den metasprachlichen Rückbezug, immer wieder hervortretend, des Sprechens auf die Sprache,
die es bedingt. Es ist dies übrigens eine spezifische, sehr deli-
kate Form der Sinnlichkeit eines Stils, und dieser Stilzug ist
als einziger spezifisch modern: hier ist, bei Nietzsche, etwas ganz Neues, das etwa bei Goethe und auch noch bei
Heine abwesend ist. Die Sprachbewußtheit von Nietzsches
Stil, die sich im ›Ecce homo‹ phosphoreszierend steigert,
bringt in diesen Stil doch ein Element des Angestrengten,
gelegentlich auch ein Element von spielerischem hans-
wursthaftem Unernst, der ebenfalls nicht der – ja auch ge-

rade stilistisch bedeutsamen – klassischen Römertugend des Ernstes, der *gravitas* entspricht.

Wie äußert sich diese – so spezifisch moderne – Sprachbewußtheit, diese reflexive Sprachbezogenheit? Zunächst sind die lautlichen Anklänge zwischen verschiedenen Wörtern zu nennen, die Nietzsche oft instrumentalisiert: lautliche Nähe im Sinne des Semantischen. Beispiele: »Dies ist der Ausnahmefall, in welchem ich, gegen meine Regel und Überzeugung, die Partei der ›selbstlosen‹ Triebe nehme: sie arbeiten hier im Dienste der *Selbstsucht, Selbstzucht*« (VI, S. 294). Oder: »Aber jedenfalls als ein Satz der erheblichsten Folgen, fruchtbar und furchtbar zugleich und mit jenem *Doppelblick* in die Welt sehend, welchen alle großen Erkenntnisse haben ...« (VI, S. 328). Oder: »das *aggressive* Pathos gehört ebenso nothwendig zur Stärke als das Rach- und Nachgefühl zur Schwäche« (VI, S. 274); die Prägung »Nachgefühl«, lautlich an »Rachgefühl« angelehnt, ist eine treffende Übersetzung, eine Lehnübersetzung von »ressentiment« (sie stammt aber nicht von Nietzsche). Daneben finden sich Neubildungen – spielerische, gelegentlich kalauerhafte Inanspruchnahmen des Lautlichen: »Bei allen sogenannten ›schönen Seelen‹ giebt es einen physiologischen Übelstand auf dem Grunde, – ich sage nicht Alles, ich würde sonst medicynisch werden« (VI, S. 306). Oder: »das allerletzte Gedicht zumal, *an den Mistral*, ein ausgelassenes Tanzlied, in dem, mit Verlaub! über die Moral hinweggetanzt wird, ist ein vollkommener Provençalismus« (VI, S. 334). Nicht selten ist auch das Verfahren, undurchsichtig gewordene Bildungen oder Wendungen neu zu beleben, sie wieder durchsichtig zu machen, sie wieder zurückzuführen, für das Bewußtsein des Lesenden, auf ihre Bestandteile: »Man darf keine Nerven haben ... Auch an der Einsamkeit *leiden* ist ein Einwand, – ich habe immer nur an der ›Vielsamkeit‹ gelitten ...« (VI, S. 297). Ein übrigens in Anbetracht dessen, was wir wissen, bewegender Satz. Oder betrachten wir, was Nietzsche an einer Stelle mit der

Wendung »gutheißen«, die wir ja nur noch im Sinn von
»billigen« gebrauchen, macht: »Es ist Nichts, was ist, abzu-
rechnen, es ist Nichts entbehrlich – die von den Christen
und andren Nihilisten abgelehnten Seiten des Daseins sind
sogar von unendlich höherer Ordnung in der Rangord-
nung der Werthe, als das, was der Décadence-Instinkt gutheißen, *gut heißen* durfte« (VI, S. 311).

Also, immer wieder ein genaues, gleichsam überbelich-
tendes Hinsehen und Hinhören auf das Wort als solches,
auf die sprachlich vorgegebene Wendung als solche. Ein
Denken gewissermaßen von der Sprache her: Sprachden-
ken (immer aber bleibt es orientiert an der Sache). Es wäre
hierzu noch vieles zu sagen: zu den Neubildungen Nietzsches, zu seinen Komposita, auch zu seinen Fremdwörtern,
die bei ihm nicht zahlreich sind, vor denen er aber keineswegs zurückschreckt, besonders nicht vor französischen
und italienischen (die englischen waren ja damals noch
überaus selten). Wieder einmal, zum Beispiel, gegen die
Deutschen: »Ich halte diese Rasse nicht aus, mit der man
immer in schlechter Gesellschaft ist, die keine Finger für
nuances hat – wehe mir! ich bin eine nuance –, die keinen
esprit in den Füßen hat und nicht einmal gehen kann ...«
(VI, S. 362); oder, gleich danach: »Mein ganzes Leben ist
der Beweis de rigueur für diese Sätze. Umsonst, daß ich in
ihm nach einem Zeichen von Takt, von délicatesse gegen
mich suche. Von Juden, ja, noch nie von Deutschen« (VI,
S. 363). Auch für das Atmosphärische, das fremde Wörter
schaffen, auch fremde Namen, hat Nietzsche viel Sinn:
»Ich fürchte, ich habe einmal, um schlechten Gerüchen aus
dem Wege zu gehn, im palazzo del Quirinale selbst nach-
gefragt, ob man nicht ein stilles Zimmer für einen Philosophen habe. – Auf einer loggia hoch über der genannten
piazza, von der aus man Rom übersieht und tief unten die
fontana rauschen hört, wurde jenes einsamste Lied gedichtet, das je gedichtet worden ist, das *Nachtlied*« (VI, S. 340 /
341). Man beachte im letzten Beispiel das typische Nietz-

schesche »selbst«, das dem heutigen »sogar« entspricht. Die meisten der zum Schluß genannten Beispiele stammen also – und nicht zufällig – aus ›Ecce homo‹.

Soviel zu jenen fünf Zügen. Hinzuzufügen und genauer darzulegen wäre auch, daß Nietzsches Stil eigentümlich uneitel, unselbstgefällig ist. Es ist eigentümlich, weil es bei ihm an positiver Selbsteinschätzung wahrlich nicht fehlt ... Aber in seinem Stil ist eine merkwürdige sachbezogene Strenge. Man spürt in ihm kaum jenes sich gleichsam selbstgefällig Über-die-Schultern-Blicken, wie es vorkommt bei anderen Sprachkünstlern, bei Thomas Mann zum Beispiel, bei dem diese Selbstgefälligkeit aber auch schon wieder parodistisch gebrochen ist. Oder bei manchen Pianisten, die mit erstauntem und amüsiert interessiertem Wohlgefallen zuzuschauen scheinen, mit welch sicherer Beweglichkeit sich ihre Finger auf den Tasten ergehen.

Ich möchte noch etwas sagen dürfen zu Nietzsches maßlosen, geradezu irren Selbsteinschätzungen, wie sie sich besonders im ›Ecce homo‹ finden, sich aber vorher schon immer wieder ankündigen. Auch in Nietzsches Briefen. Diese Selbsteinschätzungen zum Beispiel sind ja nun gewiß nicht sprachlich, und doch gehören sie gerade auch zu seinem Stil: »in Anbetracht, daß die Vielheit innerer Zustände bei mir außerordentlich ist, giebt es bei mir viele Möglichkeiten des Stils – die vielfachste Kunst des Stils überhaupt, über die je ein Mensch verfügt hat« (VI, S. 304). Oder über den ›Zarathustra‹: »Mein Begriff ›dionysisch‹ wurde hier *höchste That*; an ihr gemessen erscheint der ganze Rest von menschlichem Thun als arm und bedingt. Daß ein Goethe, ein Shakespeare nicht einen Augenblick in dieser ungeheuren Leidenschaft und Höhe zu athmen wissen würde, daß Dante, gegen Zarathustra gehalten, bloß ein Gläubiger ist und nicht Einer, der die Wahrheit erst *schafft* [...] das ist Alles das Wenigste und giebt keinen Begriff von der Distanz, von der *azurnen* (wieder dies charakteristische von Nietzsche unterstrichene Farbadjektiv!) Einsamkeit, in der dies

Werk lebt [...] Man rechne den Geist und die Güte aller großen Seelen in Eins: alle zusammen wären nicht im Stande,
Eine Rede Zarathustras hervorzubringen« (VI, S. 345).

Viele solcher Äußerungen ließen sich zusammenstellen.
Es sind, wie Thomas Mann in seinem schönen und auch gedanklich sehr bemerkenswerten Essay ›Nietzsches Philosophie im Lichte unserer Erfahrung‹ sagt, »hektische, von ent-
gleitender Vernunft zeugende Ausschreitungen des Selbst-
bewußtseins‹ (in: Neue Studien, Frankfurt 1948, S. 121;
mit »unserer Erfahrung« meint Thomas Mann natürlich
die Jahre 1933 bis 1945). Zur Maßlosigkeit dieser Äußerungen gehören insbesondere die Christus-Analogien; eine
solche liegt ja bereits in dem Pilatus-Zitat des – für eine Autobiographie – aberwitzigen Titels ›Ecce homo‹. Was nun
jedoch speziell die Maßlosigkeit der Selbsteinschätzung im
Literarisch-Stilistischen angeht, ist aber wohl doch anzu-
merken, daß womöglich mancher Schriftsteller in der Ver-
suchung war, derartige Dinge zu sagen. Vielleicht gehört
solche (zumindest temporäre) Omnipotenzphantasie zum
Kreativen. In diese Richtung geht die eigentümlich aufrich-
tige Bemerkung, die Mann zu Äußerungen Nietzsches in
dem genannten Vortrag macht: »Natürlich muß es ein großer Genuß sein, dergleichen niederzuschreiben, aber ich
finde es unerlaubt ...« (S. 121/122). Dies ist zwar witzig
und mehr als dies (Mann zeigt hier Humor im vollen Sinne
dieses Begriffs), trägt aber zu dem bei Nietzsche Vorliegen-
den kaum etwas bei. Nietzsche durchstößt hier eine Wand;
es ist da ein – wie endlich erlöstes und erlösendes – Abwer-
fen von Konvention und Scham, ein Durchbruch, ein
Durchbruch aber – zu was? Dolf Sternberger sagte einmal,
freilich nur in einem Gespräch (drucken lassen hätte er es
kaum): »Nietzsche ist ein Großmaul«. Da konnte ich nur
antworten: »Ja, sicher, aber ein sehr bedeutendes!«. Es ist
ja, muß man sich klarmachen, gewiß kein anderer Fall zu
nennen, in dem solche Bedeutung und solche Maßlosigkeit
(und dies ist eigentlich schon gar kein Ausdruck mehr) zu-

sammenkommen. In anderen Worten: ein Fall, in dem jemand sich so hoch einschätzt und dabei so nahe herankommt, von heute aus gesehen, an das faktisch Gegebene. Und natürlich darf man die Frage stellen, ob nicht die Zukunft Nietzsche noch mehr Recht geben wird als die Jahrzehnte, die nach seinem Zusammenbruch vergangen sind ... Der (Nietzsche selbst gewiß verborgene) *psychologische* Sinn all dieser Äußerungen ist, daß er gehört, daß er endlich, endlich gehört – auch nur gehört – werden wollte.

Thomas Mann spricht – bewegend und wohlgesetzt, wie immer – von einer eigentümlichen »Gefühlsmischung«, die sich einstelle beim Leser: »die Mischung von Ehrfurcht und Erbarmen ... Es ist das tragische Mitleid mit einer überlasteten, überbeauftragten Seele, welche zum Wissen nur berufen, nicht eigentlich dazu geboren war und daran zerbrach; mit einer zarten, feinen, gütigen, liebebedürftigen, auf edle Freundschaft gestellten und für die Einsamkeit gar nicht gemachten Seele, der gerade dies: die tiefste, kälteste Einsamkeit, die Einsamkeit des Verbrechers, verhängt war ...« (S. 114). Dies ist nicht nur schön gesagt; es ist sicher zutreffend, besonders die Wendung »Gefühlsmischung von Ehrfurcht und Erbarmen«. Es ist aber doch nicht alles. Es bleibt etwas Unauflösbares, das auch mit klinischen Bezeichnungen wie »manische Phase« nicht wegzuschaffen ist (abgesehen davon kommt es ja, nach dem bekannten Dictum, sehr darauf an, *wer* sich in einer solchen Phase befindet), denn *eines* ist sicher, und es ist merkwürdig bis zum Faszinierenden: Nietzsches Stil blieb bei alledem luzid, äußerst luzid, und zwar bis zuletzt. ›Ecce homo‹, in unglaublich kurzer Zeit, kaum mehr als drei Wochen, niedergeschrieben, ist in der Tat »ein kleines Meisterwerk moderner Ironie«, in dem es ihm scheinbar (aber mit welchem Schein!) gelang, »seinem geistigen Weg eine seltsame Kohärenz zu verleihen« (ich zitiere hier den hervorragenden spanischen Philologen, Kritiker und Literaten Rafael Argullol, der dies eben im Feuilleton der Tageszeitung

›El Pais‹ (neun Seiten, die allein Nietzsche gewidmet sind)
schrieb.

Vieles mußte ich hier überspringen und ungesagt lassen.
Zum Beispiel die Vorhandenheit zumindest dreier verschiedener Stile bei Nietzsche: da ist der schöne, ruhige, akade-
misch getönte Abhandlungsstil der ›Geburt der Tragödie‹
(1872), aus dem er freilich auch schon in dieser Schrift ein
wenig ausbricht (ein wenig sehr sogar), dann der unakade-
misch darlegende, kommunikativ drängende und oft erup-
tive, dann aber wieder heiter fließende Stil, wie er in ›Jenseits von Gut und Böse‹ und in der ›Genealogie der Moral‹
kulminiert, schließlich der Stil des ›Zarathustra‹ (in ihm ist
Nietzsche nicht nur sprachlich stilistisch am problematisch-
sten; ich habe einmal gesagt, der ›Zarathustra‹ sei das wohl
am eindrucksvollsten gescheiterte Buch in deutscher Sprache; ich bin mir aber nicht mehr sicher, ob ich diese Formulierung aufrechterhalten würde). Übrigens glaube ich nicht
an den heute vielfach behaupteten (man sagt es, weil Derrida dies sagt) stilistischen »Pluralismus‹ von Nietzsche
(und den er ja bereits selbst behauptete: »die vielfachste
Kunst des Stils überhaupt ...«). Da ist doch auch wieder viel
Einheitlichkeit, unter Einschluß sogar des ›Zarathustra‹.

Es gibt eine im Rückblick betrachtet merkwürdige Brief-
stelle des Zweiundzwanzigjährigen zum Stil; sie markiert
eine Störung, den Aufbruch, das Aufbrechen von etwas
Neuem und eigentlich – für den Philologen, den Wissenschaftler – Destruktivem. Es ist ein Brief vom 4. April 1867
an den Freund Paul Deussen. Alles klingt ganz harmlos,
und doch ist da der Keim von Auflösung, Auflösung nämlich des Wissenschaftlichen, der Wahrheitsverpflichtung.
»Meine Laertiusarbeit wird in diesen Wochen niedergeschrieben. Mein Bestreben ist diesmal, das logische Grund-
gerippe nicht so sichtbar durchblicken zu lassen, wie dies
in meiner mitfolgenden Theognisstudie der Fall ist. Dies ist
übrigens sehr schwer. Wenigstens für mich. Ich möchte derartigen Dingen ein etwas künstlerisches Kleid geben. Du

wirst meinen Eifer lächerlich finden, mit dem ich Farben reibe (schon hier also die Farbe!), überhaupt mich anstrenge, einen leidlichen Stil zu schreiben. Aber es ist nöthig, nachdem ich mich so lange vernachlässigt habe. Sodann vermeide ich möglichst streng die Gelehrsamkeit, die nicht nöthig ist. Das kostet auch manche Selbstüberwindung. Denn manches superfluum muß hinweggeschnitten werden, das uns gerade sehr gefällt. Eine strenge Exposition der Beweise, in leichter und gefälliger Darstellung, womöglich ohne jeden (jenen?) morosen Ernst und jene citatenreiche Gelehrsamkeit, die so billig ist: das sind meine Wünsche. Das Schwerste ist immer, den Gesamtconnex von Gründen, kurz den Riß des Gebäudes zu finden. Dies ist eine Arbeit, die im Bett und auf Spaziergängen sich oft besser macht als am Studirtisch«. Diese letztere Bemerkung ist interessant und wäre weiterzuführen: Nietzsches Stil hat in der Tat nicht nur mit Reden, sondern auch mit Gehen zu tun, er kommt aus einem gehenden Reden, einem Reden beim Gehen, das dann nach dem Schreibtisch verlangt ... Doch zurück zu dem, was uns *jetzt* interessiert! Da ist nun also plötzlich der offen deklarierte und somit bewußte Wille zum Künstlerischen: »ich möchte derartigen Dingen ein etwas künstlerisches Kleid geben ...«. Zunächst also nur das Kleid, klar abtrennbar somit von dem, was es bekleidet. Und es scheint nur um die Sache zu gehen: »der Gesamtconnex von Gründen, der Riß des Gebäudes«. Aber das Künstlerische, der »Eigensinn des Ästhetischen«, um die schöne Wendung aufzugreifen (H.E. Holthusen machte aus ihr den Titel eines Buchs), begnügt sich mit dieser dienenden Rolle nicht. Es ist nicht so einfach mit dem, wie es zunächst scheint, bloß *hinzugefügten* Kleid. Was *dann* kam bei Nietzsche, mußte sich aus solch zaghaft deziertem Ansatz gewiß nicht ergeben. Im Rückblick jedoch erscheint diese Stelle in dem Brief an Deussen als ominös. Schopenhauer kannte Nietzsche zu dieser Zeit bereits (dies geschah ein Jahr zuvor). Vielleicht ist hier die Wurzel.

Nietzsches Stil – und dies beginnt mit seinem ersten Buch, der ›Geburt der Tragödie‹ – muß nämlich auch gerade gesehen werden als eine Spiegelung der zentralen Spannung seines Denkens und seines Lebens, seiner *Existenz*, wie man in den fünfziger Jahren gesagt hätte, der Spannung, meine ich, zwischen Wissenschaft und Kunst. Religion und Moral scheiden für ihn als pure Ideologien aus. Die Welt – »Gott ist tot« – zeigt sich als sinnlos. Das heißt: sie hat keinen über sich selbst hinausgehenden Zweck. Die von der Tradition als Scheinwelt abgewertete Welt ist die einzige, die einzig wahre. Aber gerade diese Welt, die einzige, hinter der es keine wahre gibt, ist nun wirklich eine Welt des Scheins, der Täuschung, der Lüge. Hier herrscht – notwendig – die Täuschung, die sich zeigt als Leben, als Wille zum Leben, als ›Wille zur Macht‹ – »wo ich Lebendiges fand, fand ich Willen zur Macht‹. Die Wissenschaft ist ambivalent: einerseits ist sie positiv zu bewerten, sie enthüllt den Schein, die Täuschung; nur sie zeigt ja den wirklichen Charakter der Wirklichkeit als ein sinnloses, vom Willen zur Macht beherrschtes und letztlich undurchsichtiges Triebgeschehen; andererseits ist Wissenschaft aber selbst Täuschung, indem sie, an zeitlose Wahrheiten glaubend, vorgibt, potentiell alles erklären zu können. Die Wissenschaft täuscht sich selbst über sich selbst, das heißt: die Subjekte der Wissenschaft täuschen sich und also auch die anderen (man fühlt sich erinnert an Heideggers berühmtes »Wissenschaft denkt nicht«). Nietzsche redet von dem Wahn, »daß das Denken, an dem Leitfaden der Causalität, bis in die tiefsten Abgründe des Seins reiche, und daß das Denken das Sein nicht nur zu erkennen, sondern sogar zu corrigieren im Stande sei« (›Fröhliche Wissenschaft‹). So erbringt die Wissenschaft, so unabdingbar sie ist, letztlich nur Negatives: Enttäuschung durch Aufdeckung von Täuschung. Enttäuschung, also, im doppelten Sinn: im üblichen, alltagssprachlichen Sinn und im »etymologischen«, Befreiung aus der Täuschung.

Anders die Kunst, die Nietzsche, besonders der späte Nietzsche nun eindeutig höher stellt: »die Kunst«, heißt es im Nachlaß (Mai – Juni 1988), »ist mehr werth als die Wahrheit«. Sie dient dem Leben, ist lebensteigernd; sie ist eine Welt des Scheins (im Gegensatz zu der der Wissenschaft, die in anderer Weise dann aber doch auch, wie gesagt, eine Scheinwelt ist), aber gerade als sich ihrer selbst bewußte Welt des Scheins »eröffnet sie (die Kunst) als metaphysische Tätigkeit die Sicht in die Wirklichkeit, aufgrund derer das Leben zu rechtfertigen ist« (so Walter Schulz, dem ich hier folge, in »Funktion und Ort der Kunst in Nietzsches Philosophie«, in: Nietzsche-Studien, Internationales Jahrbuch für Nietzsche-Forschung, Band 12, 1983, S. 7, vgl. auch ›Nietzsche als Vorläufer der Postmoderne‹ in W. Schulz, Der gebrochene Weltbezug, Stuttgart 1994, S. 132 – 138).

Die Spannung also zwischen der Wissenschaft, die notwendigerweise den Schein der Welt aufdeckt, aber eben nur *dies* erbringt (ihr Positives ist also etwas rein Negatives) und dadurch lebensbehindernd, ja *todbringend* ist, und der Kunst, die dem Leben dient, es geradezu fundiert, aber eben nur durch Schaffung von Schein (hierher gehört Schillers luzider ›Prolog‹ zum ›Wallenstein‹, in dem von der »Täuschung« durch Kunst die Rede ist). Die »Wissenschaft unter der Optik des Künstlers zu sehn, die Kunst aber unter der des Lebens ...« – Dies sei, so sehr deutlich in einem späteren Vorwort (1886), die Aufgabe dieses »verwegenen Buchs«, nämlich der ›Geburt der Tragödie‹, gewesen. Aber schon 1872 hatte Nietzsche geschrieben (in der Vorrede zu einem »ungeschriebenen« Buch mit dem charakteristischen Titel ›Über das Pathos der Wahrheit‹): »Die Kunst ist mächtiger als die Erkenntniß, denn *sie will* das Leben, und jene erreicht als letztes Ziel nur die Vernichtung‹ (I, S. 760). Es ist der Schlußsatz dieser Vorrede.

Im Zusammenhang mit dieser ungelösten und gewiß unlösbaren Spannung, oder besser: *innerhalb* dieser Spannung selbst, weil er nämlich *in* ihr steht, ist Nietzsches Stil, ist der Stil *bei* Nietzsche zu sehen. Er steht in Spannung zur Wahrheit, der die Wissenschaft, sich selbst in ihrem »Pathos« täuschend, zu dienen glaubt, und er drängt, ohne sich je vom Willen zur Wahrheit zu befreien und wirklich befreien zu *wollen*, zur Kunst hin, zur Schaffung von Schein ...

»Sie hätte singen, nicht reden sollen, diese neue Seele«, meint oder *singt* Stefan George in seinem berühmten Vers. Aber eben: sie *wollte* nicht singen, insgesamt, obwohl sie zuweilen gesungen *hat*, sie wollte reden und – verstanden werden. Und sie wollte Wahrheit ... Nietzsche war eben nicht »Nur Narr! Nur Dichter ...«, wie es in der ersten Dionysos-Dithyrambe »Bei abgehellter Luft ...« beinahe leitmotivisch heißt (und zwar auch im Titel). Sein Stil, mit dem er seiner Wirkung gewiß auch geschadet hat, weil er es erleichterte, ihn »nur« oder »eigentlich« als Dichter zu nehmen, sein Stil blieb, trotz allem, immer *dienend*, untergeordnet dem Willen, etwas zu sagen, und – dem Willen zur Wahrheit. Dies gilt noch bis in die allererste Zeit seines Wahnsinns hinein, sicher jedoch bis zu dem – nun wirklich verrückten – , aber liebenswürdig heiteren, leichten, urbanen und gerade darum erschütternden Brief – »In herzlicher Liebe« – an den zweieinhalb Jahrzehnte älteren Jacob Burckhardt, ein Brief, der mit einem allerletzten Postscriptum endet, einem Satz, der kein Adjektiv zuläßt zu seiner Kennzeichnung: »Sie können von diesem Brief jeden Gebrauch machen, der mich in der Achtung der Basler nicht heruntersetzt. – «

HEINZ FRIEDRICH

Kunst und künstlerische Existenz

Ein Briefwechsel

Mit Friedrich Nietzsche betrat in der zweiten Hälfte des vorigen Jahrhunderts ein neuer Typus des Philosophen die denkerische Bühne: der Philosoph als Künstler. Zeit seines Lebens setzte sich Nietzsche mit dem Problem auseinander, wer mehr über die Welt und den Menschen auszusagen imstande sei: der Künstler oder der Wissenschaftler. Was kann Wissenschaft wissen?, fragt Nietzsche, und er kommt zu dem Schluß, daß Wissenschaft in der Regel zwar Wissen durch Wissen zu steigern vermag, aber »Sinn« könne diesem Wissen nur eine höhere Wissenschaft, nämlich Wissenschaft als Kunst verleihen.

Schon der junge, hochbegabte und begnadete Wissenschaftler, dessen Stern an der Universität Basel triumphal aufging, stieß auf diese Problematik des Widerstreits von Kunst und Wissenschaft, von Wissen und Leben. Kunst, so hörten wir von Hans-Martin Gauger, sei für Nietzsche die lebendige Art des Wissens gewesen. Nietzsche habe sich philosophisch durch Stil, durch seinen Stil bekannt. Der Stilist Nietzsche sei daher von dem Philosophen Nietzsche und dem Künstler Nietzsche nicht zu trennen. In der Tat bewahrheite sich in ihm das Wort Stendhals, daß der Stil der Mensch sei, und der Mensch sich durch Stil charakterisiere.

In dem Frühwerk ›Die Geburt der Tragödie‹ vollzog der Altphilologe Nietzsche den Bruch mit der Wissenschaft – mit *seiner* Wissenschaft, indem er nicht nur das Wissen, sondern auch die Intuition zur Interpretation der von ihm vermuteten Wahrheit über die frühe Existenz der Griechen heranzog. Der große Altphilologe Wilamowitz-Möllendorf sprach über den jungen Kollegen das wissenschaftliche Verdikt. Dieses Verdikt war vielleicht der größte Öffentlichkeits-Erfolg, den Nietzsche zu Lebzeiten erfahren durfte. Konnte einer, der sich späterhin als »Narr« und »Dichter« empfahl und dessen Schreib– und Denkweise oft hektisch, ekstatisch oder aggressiv war, als Denker im klassischen Sinn überhaupt ernst genommen werden? Als Utopist wurde Nietzsche ebenso abqualifiziert wie als Ekstatiker oder Gedankenspieler. Auch blieb ihm der Vorwurf nicht erspart, ideologischen Verdunkelungen des 20. Jahrhunderts Vorschub geleistet zu haben. Ob der *wilde Nietzsche* oder der *furchtsame Adler* – was immer man über Nietzsche denkt und schreibt: man kann ihm schlecht beikommen, denn er ist das alles, was man ihm vorwirft, den *Antichristen* eingeschlossen, und er ist dennoch mehr, und er ist auch dennoch bedeutender. Wäre er nur ein Gedanken-Taschenspieler gewesen, hätte er kaum diese Nachwirkung ausgelöst, die er über ein Jahrhundert hinweg hatte und hat – eine Nachwirkung, die um den 150. Geburtstag des Philosophen herum allerorten erneut die Schreibmaschinen und Schreibgeräte und Druckmaschinen in heftige Bewegung setzt.

Das Schlagwort vom »einsamen Nietzsche« ist beliebt und erregt eisige Seelenschauder. Aber der einsame Nietzsche war eigentlich ein geselliger Nietzsche. Er lechzte nach geistiger Gesellschaft, nach Dialog und nach Zu- und Widerspruch. Er wollte gehört werden, sagte Hans-Martin Gauger. In der Tat: er wollte gehört werden und wollte verstanden werden – und zwar nicht nur mit dem Kopf, sondern auch mit dem Herzen. Für ihn war Philosophie (wir bleiben in der Argumentation von Gauger) Lebens-Äußerung.

»Der Freunde harr ich, Tag und Nacht bereit«, ruft Nietzsche in ›Jenseits von Gut und Böse‹ aus. Für diese Freundschaftsbereitschaft legen Nietzsches Briefe das

schönste und bewegendste Zeugnis ab. Sie zeigen den Philosophen als Menschen und sie charakterisieren dessen Biographie. Die Briefe Nietzsches (ohne die Gegenbriefe seiner Partner) füllen allein 8 Bände der Neuen ›Historisch-
kritischen Gesamtausgabe« – ein beachtlicher Umfang mit
nicht minder beachtlichem Inhalt. Der zentrale Briefwechsel Nietzsches ist die Korrespondenz zwischen ihm und
dem Musiker Heinrich Köselitz, genannt Peter Gast.

Heinrich Köselitz war 10 Jahre jünger als Nietzsche.
1854 in Annaberg/Sachsen geboren, studierte er später
Musik am Konservatorium in Leipzig. Er komponierte Or-
chester– und Kammermusik sowie Lieder – und er schrieb
auch eine Oper mit dem Titel ›Der Löwe von Venedig‹.
Diese Kompositionen haben Peter Gast nicht überdauert –
und das mit Recht. Aber was ihn überdauerte, war seine
Freundschaft mit Nietzsche und der aus ihr sich entwik-
kelnde Lebens-Dialog in Briefen. Peter Gast verstand Niet-
sche nicht nur, sondern er begriff ihn auch. Als Künstler
fühlte er sich Nietzsche wahlverwandt. Und als Künstler
hatte er auch ein Sensorium für die Neuartigkeit dieser Philosophie als Kunst. Peter Gasts Lebens-Dialog mit Niet-
sche brach mit Nietzsches Verdämmerung in Wahnsinn
nicht ab. Peter Gast hielt seinem Freund die Treue, indem
er sich für die Bewahrung und Sicherung des Werkes und
des Nachlasses von Nietzsche einsetzte. Er war entscheidend an der Errichtung des Nietzsche-Archivs beteiligt,
dem er von 1900 bis 1908 auch als Kustos vorstand.

Was auch immer man, berechtigt oder auch nur zum Teil
berechtigt, gegen Elisabeth Förster-Nietzsches und Peter
Gasts Aktivitäten in Sachen Nietzsche-Nachlaß vorbrin-
gen mag – die Tatsache, daß die Einrichtung des Nietzsche-
Archivs die Voraussetzungen schuf, unter denen sich das
spätere 20. Jahrhundert mit Nietzsche auseinandersetzen
konnte, ist unbestritten. Ohne die (wie auch immer gear-
tete) Vorarbeit des Nietzsche-Archivs wäre die große ›Hi-
storisch-kritische Gesamtausgabe‹ nicht möglich gewesen,

die uns nun erlaubt, Nietzsche in allen Posen und Facetten unverstellt zu erklären und zu beurteilen.

Man hat Nietzsches Anerkennung, die er Peter Gasts Kompositionen zollte, gelegentlich als Beweis dfür angeführt, daß er eigentlich von Musik wenig verstanden habe. Die Wirklichkeit war aber wohl diese: Nietzsche verschloß die Augen vor der musikalischen Mittelmäßigkeit seines Briefpartners, um ihn als Freund und philosophischen Sympathisanten nicht zu verlieren. Dies ist menschlich-allzumenschlich nicht nur begreiflich, sondern es rührt auch an …

> » *Wir wollen dem Leben ja*
> *nicht gram werden, sondern immer*
> *mehr werden, die wir sind –*
> *die fröhlich Wissenden*«.

Aus dem Briefwechsel zwischen
Friedrich Nietzsche und Peter Gast

Peter Gast berichtet im Vorwort seiner Ausgabe der
Briefe von Friedrich Nietzsche an ihn selbst:

Als ich 1872–74 unter dem Leipziger Thomascantor Professor E. F. Richter Contrapunkt und Composition studierte, ward ich eines Tages von meinem Freund Widemann auf ein Buch hingewiesen, das ihn in höchstes Entzücken versetzt hatte. Es war Nietzsche's »Geburt der Tragödie aus dem Geiste der Musik«. Auch auf mich machte das Buch einen Eindruck ohne Gleichen. Mit einem solchen Blick, fühlten wir, war noch nie in die Tiefen des griechischen Wesens geschaut worden; und da wir noch erfüllt waren vom Studium Schopenhauer's und der Schriften Wagner's (die damals gerade in einer Gesamtausgabe erschienen), so glaubten wir nun auch in uns selbst manche der modernen Vorbedingungen zu besitzen, aus denen das Buch zu verstehen sei. Wie weit unser Verständniß reichte, bleibe dahingestellt. Jedenfalls empfanden wir, daß hier ein Geist rede, dem interpretative Kräfte innewohnen, wie sie in solcher Art uns nie vorgekommen waren. Die geheimsten Impulse der Cultur schienen sich uns zu entschleiern, und wenn Nietzsche die apollinischen und dionysischen Kunstgewalten schließlich an der utilitarisch-rationalistischen Tendenz, wie sie aus Sokrates spricht, zu Grunde gehen ließ, so ahnten wir, weshalb ein Ausschießen und Blühen der großen Kunst unter der Herrschaft unserer Wissens- und Verstandescultur fast unmöglich sei.

Im Sommer 75 kam Freund Widemann zur Fortsetzung der Universitätsstudien wieder nach Leipzig; dort reifte in uns der Entschluß, Nietzsche's wegen nach Basel zu gehen. Mit Empfehlungen Schmeitzner's versehen, trafen wir über Bayreuth kommend Mitte Oktober 75 in Basel ein. Die ersten Tage suchten wir uns über Stadt und Stadtgeist zu orientiren. Gelegentlich eines Büchereinkaufs fragten wir den uns Bedienenden nach einer Photographie Nietzsche's, da solche von Basler Professoren im Schaufenster zu sehen waren und wir, noch ohne jede Vorstellung von Nietzsche's äußerer Erscheinung, brennend darnach verlangten. Wie erstaunten wir aber, als man uns fragte »Professor Nietzsche? – Gibt es einen solchen hier?« Auch in anderen Läden war Nietzsches Bild nicht zu erhalten.

Als wir ihm bald darnach unsre Aufwartung machten, waren wir frappirt von seinem Aussehen. Ein Militärsmann! kein »Gelehrter«! Alle Welt kennt jetzt sein Bild, wenngleich nur Der, der seine Gegenwart genossen, es sich naturgetreu wird beleben können. Hatten wir uns den Verfasser des Anti-Strauß nicht ohne einige Schroffheit gedacht, so überraschte uns gerade seine Güte, sein inniger Ernst, die Abwesenheit jedes Sarkasmus. Die Energie, die sein Gesicht aussprach, das Feuer, das in seinen Augen flammte, schien er absichtlich durch seine Worte mildern zu wollen. Der Eindruck war der einer eminenten Selbstbeherrschung. Streng gegen sich, streng in principiellen Dingen, war er im Urtheil über Menschen dagegen von äußerstem Wohlwollen. Uns selbst sollte dieser Zug in auszeichnender Weise zu Gute kommen. Gleich der Empfang zeigte dies. »Oh ich kenne die Herren bereits«, sagte er mit heiterer Würde. Verwundert, wie wir zu dieser Ehre kämen, erfuhren wir, daß er zu gleicher Zeit wie wir in jenem Buchladen gewesen sei und uns sofort für die ihm schon durch Overbeck avisirten Freunde gehalten habe.

Wie hoch Nietzsche seinen Freund Peter Gast schätzte, beweisen nicht nur seine Briefe, sondern auch eine Bemerkung in »Ecce homo« von 1888:

»In einem Gebirgsbade hinter Vicenza, wo ich den Frühling des Jahres 1881 verbrachte, entdeckte ich, zusammen mit meinem Maestro und Freunde Peter Gast, einem gleichfalls ›Wiedergeborenen‹, daß der Phönix Musik mit leichterem und leuchtenderem Gefieder, als er je gezeigt, an uns vorüberflog: eine Wiedergeburt in der Kunst zu hören, war eine Voraussetzung zum ›Zarathustra‹, den man vielleicht ganz unter die Musik rechnen darf.«

Der Austausch von Briefen zwischen Nietzsche und Peter Gast begann im Frühjahr 1876 und dauerte bis zum Anfang des Jahres 1889, bis zu Nietzsches Zusammenbruch in Turin.

NIETZSCHE AN GAST

Basel, den 22. Jan. 1879

Lieber lieber Freund, so geht es wieder hin und her, zwischen Ihnen und mir, zu meiner allergrößten Freude – die so groß ist, daß ich alle Augenblicke die Größe Ihrer Bemühung vergesse, welche Sie sich wieder meinetwegen auf den Hals geladen haben, Sie Guter! Wenigstens hoffe ich Sie mit meinen Einfällen zu unterhalten – ich glaube, was in diesem Anhange zusammensteht, ist nichts Schlechtes: es wurde größtentheils in einer Höhe von 7200 Fuß über dem Meeresspiegel erdacht und niedergeschrieben. Vielleicht ist es das einzige Buch der Welt, das eine so hohe Abkunft hat. – Nun dürfen Sie spotten! – Meine Gesundheit ist abscheulich-schmerzenreich wie früher, mein Leben viel strenger und einsamer; ich selber im Ganzen lebe fast wie ein ganzer Heiliger, aber fast mit den Gesinnungen des ganzen echten Epikur – sehr seelenruhig und geduldig, um dem Leben doch mit Freude zusehend.

[Basel, 1. März 1879]

Nun, lieber guter hilfreicher Freund, bleibt Ihnen nur noch übrig, an mir selber die Correktur zu machen – in Venedig! Mein Zustand war wieder fürchterlich, hart an der Grenze des Ertragbaren. »Ob ich reisen kann?« Die Frage war mir oft: ob ich da noch leben werde?

Vorläufiges Programm.

Dienstag den 25. März Abends 7 Uhr 45 komme ich in Venedig an und werden von Ihnen eingeschifft. Nicht wahr?

Sie miethen mir eine Privatwohnung (Zimmer mit gutem warmen Bett): ruhig. Womöglich eine Altane oder ein flaches Dach bei Ihnen oder mir, wo wir zusammen sitzen und so weiter...

Die öffentlichen Gärten will ich in aller Stille ablustwandeln. Größte Stille. Ein paar Bücher bringe ich mit. Warme Bäder bei Barbese (ich habe die Adresse). – Sie bekommen das erste fertige Exemplar des Buches. Lesen Sie's jetzt noch einmal im Ganzen: damit Sie sich als Verbesserer des Buches wiederfinden (und auch mich: zu guterletzt habe ich mir noch viel Mühe gegeben). Lieber Himmel, vielleicht ist es mein letztes Produkt. – Es ist, wie mir vorkommt, eine verwegene Ruhe darin.

GAST AN NIETZSCHE

Florenz, 7. März 1879.

Verehrter Herr Professor!

Den ganzen Tag bin ich bewegt gewesen, da ich gestern Ihren lieben, theuren Brief erhielt. Ich kann von der Empfindung nicht reden, die er mir verursachte: die tiefe Freude! – und dann Ihr Wort, daß das Buch mit dem Titel: »Menschliches – Allzumenschliches« vielleicht Ihr letztes Werk gewesen! Mich trieb es auf die Anhöhen, und immer dachte ich an Sie! Ich habe geheult wie ein Kind, ich glaube: ohne Schauspielerei vor mir selber. Ich empfand deutlich, daß ich mich Ihnen verwandt fühlen darf, daß ich Sie über Alles lieben darf, über Vater und Mutter, – wenngleich ich Sie nur verehren darf!...

Es mag richtig sein, daß, wie es Ihnen vorkommt, eine verwegene Ruhe darin ist. Die, welche unterscheiden können, wissen aber, daß die ganze Art Ihrer Erkenntnisse auf einer Regsamkeit beruht, welche in dem Grade zart und fein ist, als sie sich der Beobachtung der Meisten entziehen wird.

NIETZSCHE AN GAST

(Basel, 19. März 1879)

Ach, mein lieber hülfreicher und wieder so hülfbereiter Kamerad, wir werden uns nicht sehen, ich kann nicht kommen! Es ist zu schlecht gegangen. Bergluft, Einsamkeit – das soll wieder etwas helfen (man glaubt's und hofft's; ich selber mache die Ferien wie einen Kursus der pazienza durch und glaube und hoffe nichts –). Schreiben Sie nicht, bis ich Ihnen mittheile, wohin ich mich verschlagen habe, denn es ist eine Seefahrt, wo der Wind bläst, ich weiß nicht woher? wohin?

Ich verliere so viel, Sie nicht zu haben!

Von Herzen Ihr Freund F. N.

GAST AN NIETZSCHE

Venedig, 29. März 1879

Der Garten Epikurs, wo er zu erneuern wäre? Am Lago maggiore irgendwo zwischen Cannobio und Pallanza; von hier stammt zwar die mystische Mignon, aber ich denke mir hieher gerne geistig klare Menschen, hier wo die Renaissance sich sehr schön (Bramante), oft zurückhaltend, geltend macht, und eine Natur ringsum, Monterosa und Simplongletscher, der See – Alles groß und Größe gebend! Aber wie wollte man leben? So lange noch Nichts von mir heraus ist, bin ich auf die Güte meines Vaters angewiesen, der ich mich, sobald es nur geht, entziehen möchte ...

NIETZSCHE AN GAST

Genf, 5. April 1879

Ihre Bemerkung über den Lago maggiore hat mich wunderbar berührt: Sie haben mich darin so schön errathen. Erwägen Sie mit feinem Herzen und Auge einen kleinen Ort Fariolo, zwischem Pallanza und Stresa, dort wo die Simplonstraße an den See stößt.

Ich denke über Stil nach. Bitte, schreiben Sie zu meinem Nutz und Frommen mir einige Thesen über meinen jetzigen Stil (Sie sind dessen einziger Kenner) – was ich kann und nicht kann, über die Gefahr von Manieren u.s.w. Wir müssen uns helfen, besser zu werden und immer Besseres zu machen.

Ich habe sehr viel zu leiden.

GAST AN NIETZSCHE

Venedig, 11. April 1879

Den Ort Fariolo kenne ich nicht: ich fuhr nur mit dem Schiff den See abwärts, im Zickzack am einen und andern Ufer anlegend; dazu hatte ich in der Gegend der Inseln ein Gewitter, so daß ich mir Vieles in den Sonnenschein reconstruiren mußte. Ich kann mir aber denken, daß die landschaftliche Vergünstigung, ein nahes und ein fernes Ufer hintereinander, ... diesem Platze in ganz besonderm Grade zu Theil wird, – und daß Sie mir als glücklicher Auskundschafter von Meditationsorten bekannt sind, brauche ich nur anzudeuten, um Sie meines Glaubens zu überzeugen ... Es ist keine leichte Aufgabe, hier meinen Eindruck von Ihrem Stil in Worte zu bringen, was man nur im Gefühl deutlich hat; dieses aber so zu umschreiben, daß die Worte, im Verhältniß zur Empfindung, keine Tautologie derselben

sind, mißlingt meistens; d.h. es mißlingt, die Wahrheit zu
sagen, und alles Wahre ist angesichts des Wirklichen Tautologie und, wie diese, einfältig fast im doppelten Sinne. Der
Irrthum ist natürlich interessanter als die Wahrheit, wie die
Dissonanz gegen die Harmonie... Eine Gedankenreihe
wird man am besten aufsetzen, gleich nachdem man den
hellen Blick that und von ihm erregt war. Alles spätere No-
tiren ist nicht das, weil der richtige Ausdruck zugleich im
Aufblühen des Gedankens lag. Die nachherige Feile wird
der schönen Gestaltung ebensowenig Abbruch thun, als
das Säubern und Ziseliren einem Erguß. Bei Ihnen ist aus
der Frische des Ausdrucks zu erkennen, daß ihre Apercüs
alle im jüngsten Gedächtniß niedergeschrieben wurden;
d.h. als die Freude ihres Entstehens noch um sie lag, die
nach längrer Bekanntschaft mit den Gedanken selbst beim
Autor nachläßt und bei spätrer Darstellung nicht wieder
herbeizuzaubern ist.

Außerdem bewahrt das sofortige Aufzeichnen vor einem Fehler: nämlich vorm Fehler der peinlichen Perspecti-
vengebung. Im Landschaftszeichnen giebt man die Linien
nicht exakt aneinanderstoßend; man setzt sie skizzenhaft
hin und tut nachlässig, um der Einbildungskraft Spielraum
zu lassen. Das Architekturbild eines Zeichners wird, gegen
das eines Architekten oder gegen eine Photographie gesehen, zehnmal geistvoller sein.

NIETZSCHE AN GAST

Marienbad, 2. August 1880.
Hier, lieber Freund, eine Zeile Dankes für Ihren letzten
mannichfach mich bewegenden, auch beunruhigenden
Brief; – Sie haben mein Vertrauen, und ich wünschte in diesem Punkte wenigstens das Ihre zu haben. Aber es ist seltsam zu beobachten: wer vom herkömmlichen Allerwelts-
weg frühzeitig abweicht, um seinen rechten Weg zu gehen, hat immer das halbe oder ganze Gefühl eines Exilir-

ten, eines von den Menschen Verurtheilten und Entflohenen: diese Art schlechten Gewissens ist das Leiden der selbständig Guten. Das Heilmittel ist – was meinen Sie? – ein großer Erfolg bei eben Denen, welchen man aus dem Wege gegangen ist.

NIETZSCHE AN GAST

[St. Moritz – Dorf (Engadin), 25. Juni 1879] Ein ganzer Haufen guter und ernster Dinge liegt in meinem Kopfe bei einander, die alle mit Ihnen, lieber Freund, besprochen werden sollten. Was liegt allein zwischen Ihrem Stilbrief, meiner Ostermorgenfreude in Genf – und Ihrer Lidographie! Wie viel Freude haben Sie mir gemacht – und doch sehe ich nicht ab, wann ich im Stande sein werde, mündlich meine Dank- und Gedanken-Rechnung vor Ihnen abzulegen. Einstweilen bin ich in die Höhe hinaufgetrieben und bereit, es mit diesem Versuche ernst zu nehmen. Wollen Sie mir etwas erzählen, so adressiren Sie: St. Moritz, Graubünden poste restante – aber geben Sie Niemandem einen Wink über diese Adresse, ich bitte! – Fast möchte ich fragen, ob Sie, für den Winter, vielleicht selber einmal an das Hochgebirge gedacht haben. – In Basel bin ich entlassen und ersetzt, recht nach meinem Herzen. –

GAST AN NIETZSCHE

Venedig, 13. Mai 1879 Wie mir scheint, haben Sie die Vorstellung vom Lido, als sei er der ödeste Sandrücken, der nur ebenso übers Wasser taucht, daß ihn die Wogen mit knapper Noth nicht überspülen; hoffentlich nehmen Sie aber an, daß ich Ihnen doch zu nichts Schlechtem rathen werde, also zu etwas Besserem, als was dieser Vorstellung entspräche. Ich brauche es nicht aufgeputzter zu sagen.

NIETZSCHE AN GAST

St. Moriz-Dorf, 11. Sept. 1879

Je nachdem die Hoffnungen steigen oder fallen, muß ein
Kranker seine Pläne machen und ändern dürfen. Mein
Sommer-Programm ist ausgeführt: 3 Wochen Mittelhöhe
(in Wiesen), 3 Monate Engadin, und der letzte Monat davon die eigentliche St. Morizer Trink-Kur, deren beste Wirkung man erst im Winter spüren soll. Dieses Durchführ-
ren eines Programms thut mir wohl: leicht war es
nicht! ... Genug, für diesen Winter heißt das Programm: Erholung von mir selber, Ausruhen von meinen Gedanken –
dies kenne ich seit Jahren nicht mehr. Vielleicht bringe ich
in Naumburg eine Tagesordnung zu Stande, bei der diese
Ruhe mir zu Theil wird. –

Der Gesammteindruck des Neuesten, wie Sie, mein erster und letzter Leser bisher – das sind Sie ja unbedingt im
Bezug auf Menschliches, Allzumenschliches – ihn empfunden haben, entspricht so sehr meinem innersten Wunsche,
daß ich vermuthe, unsre Seelen-Verwandschaft sei dabei
im Spiele. Lieber Freund, Sie wissen doch, daß Sie, je mehr
Sie mit mir zusammenstimmen und –wünschen, auch an
meiner Last zu tragen haben und daß Sie alles einmal gut
und sehr gut machen müssen, was ich schlecht und ver-
suchsweise gemacht habe? Sie haben viel Noth mit mir –
daran denke ich, so oft ich an Sie denke.

Ich habe der Stadt Naumburg ein kleines burgartiges
Stück der mittelalterlichen Stadtbefestigung abgepachtet,
um hier Gemüse zu bauen – auf 6 Jahre (! – !), wie es Brauch
ist. Alles ist grün und buschig umwachsen; in einem
Thurme der Mauer wird ein langes Zimmer (sehr altert-
hümlich –) für mich zum Wohnen hergerichtet. Ich habe
10 Obstbäume, Rosen, Lilien, Nelken, Erdbeeren, Stachel-
und Johannisbeeren. Im Frühjahr geht meine Arbeit an,
auf 10 Gemüsebeeten. – Alles ist mein Gedanke, und ich
habe Glück dabei gehabt. Bei diesen Zukunftsspinnereien

spinne ich mitunter auch den lieben Freund in Venedig mit in mein Thurm-Netz hinein – sehr dreist, nicht wahr?

Eben jetzt, Dienstag Morgens, kommt zu meiner großen Freude, Ihre Abschrift in meine Hände; augenblicklich bin ich ganz Dankbarkeit gegen Sie – und weiter nichts mehr!

GAST AN NIETZSCHE

Venedig, 1. Okt. 1879

– Wenn ich Ihnen nur auch alles recht gemacht habe! Einige Stellen, namentlich in den Aphorismen, in denen eine längere Erörterung nöthig war, werden meines Erachtens etwas strenger und geschlossener zu fassen sein, damit die schöne Lässigkeit des Sprechstils nicht in den Anschein der Nachlässigkeit verfalle. Geändert habe ich, selbst an der Interpunction, fast Nichts. – Aus einer Stelle Ihres werthen Briefes scheinen Sie an mich auch als einen zukünftigen Schriftsteller, etwa gar Moralisten, zu denken: ich dächte, das hätte ich bleiben zu lassen; dazu fehlt mir viel zu sehr die Energie des Gehirns; dazu kommt noch die gedankenlos machende Musik, die allerdings nach Schopenhauer die größte Weisheit aussprechen soll, – eine schöne begriffliche Weisheit, ich dächte eine rechte Dummheit. Das ist der Segen der Musik, daß sie gedankenlos macht, und den Menschen doch durchaus beschäftigt; dieß Kompliment lautet etwas anders, als das pomphafte Schopenhauers. Über die Musik hab ich diesen Sommer ein paar Seiten geschrieben; danach ist denn das Zeug Schopenhauers der bare Unsinn. Aber soetwas druckt kein Mensch, am wenigsten eine musikalische Zeitschrift. – Kant als Privatmensch konnte die Musik nicht leiden und nannte sie die aufdringlichste Kunst, was sie, wie überhaupt Alles, was durch's Ohr geht, ist. Ihre neue Einrichtung an der Stadtmauer kann ich mir lebhaft imaginiren: ich wünsche Ihnen alles Glück und Gelingen dessen, was Sie Sich hievon versprechen.

GAST AN NIETZSCHE

Venedig, 2. Nov. 1879

Der auf dem heutigen Bogen begonnene 57. Aphorismus
schließt wohl mit der Stelle, gegen die ich beim ersten Lesen etwas hatte, »Das Hausthier, welches es verstanden
habe, sich Rechte beim Menschen zu verschaffen, sei das
Weib«.

Einen so eklatanten Schluß dieß auch dort ergibt, so bin
ich doch nicht dafür, weil es einmal nicht richtig ist, und
das andere Mal, weil mir die in der Bezeichnung »Hausthier« liegende Gesinnung gegen das weibliche Geschlecht
unbillig, also auch unphilosophisch dünkt. Das Weib ist
so wenig ein Thier, so wenig der Mann ein Weib ist; das
Weib hat, gerade im Intellectuellen Vorzüge, von denen
der Mann ohne Schaden genug lernen kann... Ich denke:
auch die genialsten Männer werden von Weibern geboren,
also –; und wenn diesen die Natur nicht jenen ernsten Sinn
des Mannes gab, so that sie es, damit sie die grauenhaften
Strapazen, die sie wegen der Unart Männer auszustehen haben, leichter ertragen.

NIETZSCHE AN GAST

Naumburg, den 5. Nov. 1879

Schönsten Dank, lieber Freund, für den Wink, ich wünsche
den Anschein der Weiberverachtung nicht und habe den
Passus ganz gestrichen. Wahr ist übrigens, daß ursprünglich nur die Männer sich für Menschen gehalten haben,
noch die Sprachen beweisen es; das Weib hat wirklich als
Thier gegolten, die Anerkennung des Menschen in ihm ist
einer der größten moralischen Schritte. Meine oder unsre
jetzige Ansicht vom »Weibe« sollte mit dem Worte »Hausthier« nicht berührt sein. – Ich urtheilte nach Hunthley's
Beschreibung der Frauenlage bei wilden Völkerschaften. –

NIETZSCHE AN GAST

Naumburg, den 11. Dez. 79
Sehr lieb ist mir zu hören, daß Sie Stifter's »Nachsommer«
nicht kennen; ich verspreche Ihnen etwas Reines und Gutes. Ich selbst kenne ihn seit Kurzem.

Sobald ich Sie mir den »Nachsommer« lesend vorstelle,
bin ich glücklich: eigentlich hatte ich's mir auf unser Zu-
sammensein aufsparen wollen; bestimmt für Sie war das
Buch, seitdem ich es kenne.

GAST AN NIETZSCHE

Venedig, den 24. Nov. 1879
Kennen Sie, verehrter Herr Professor, die Utopie des Thomas Morus? ... Das ist der selbe große und edle Morus, der
soviel künstlerischen Sinn hatte, den größten deutschen
Maler, den es gegeben hat, nämlich Holbein, zeitweilig in
seine Nähe zu ziehen. (Beiläufig: es ist bezeichnend, daß
Wagner immer nur den Dürer anführt; was aber Holbein
mit einer Bleistiftlinie an einem Porträtkopf ausdrücken
konnte, das vermochte Dürer nicht mit hunderten: Dürer
gibt allerdings noch einen ganzen Trödelmarkt von Bedeutung, den Holbein ließ)

GAST AN NIETZSCHE

Venedig, 13. Dez. 1879
Im »Nachsommer« rücke ich allmählich dem Ende näher;
wie danke ich Ihnen für diesen Genuß!, ich bin ordentlich
froh, daß ich's nicht früher kennen gelernt habe: sonst
ginge es mir, wie mit so vielem Andern, daß ich's doch nur
halb hätte schätzen können. Es gehört viel innerliche Erfahrung dazu, bis das Aufnehmen eines so ganz original ange-
legten Werkes ein wirklich entzückender Genuß ist. Ich be-
wundere die Ökonomie dieses Werkes: die Steigerung des
Kunstwerks liegt nicht nur in der Steigerung der Gefühle,

sondern auch im fortwährenden Ausbreiten der Gedankenwelt; dann diese Menschen! So untyrannische hat in neue-
rer Zeit vielleicht nur Goethe schildern können, ohne sie
schwach werden zu lassen. –

NIETZSCHE AN GAST

Marienbad, 20. August 1880

Sie sind aus stärkerem Stoffe als ich und dürfen sich schon
höhere Ideale bilden. Ich für mein Theil leide abscheulich,
wenn ich der Sympathie entbehre; und durch Nichts kann
es mir z. B. ausgeglichen werden, daß ich in den letzten Jahren der Sympathie Wagner's verlustig gegangen bin. Wie
oft träume ich von ihm, und immer im Stile unsers damali-
gen vertraulichen Zusammenseins! Es ist nie zwischen uns
ein böses Wort gesprochen worden, auch in meinen Träumen nicht, aber sehr viele ermuthigende und heitere, und
mit Niemandem habe ich vielleicht so viel zusammen gelacht. Das ist nun vorbei – und was nützt es, in manchen
Stücken gegen ihn Recht zu haben! Als ob damit diese ver-
lorne Sympathie aus dem Gedächtniß gewischt werden
könnte! – Und Ähnliches habe ich schon vorher erlebt, und
werde es vermuthlich wieder erleben. Es sind die härtesten
Opfer, die mein Gang im Leben und Denken von mir verlangt hat, – noch jetzt schwankt nach einer Stunde sympa-
thischer Unterhaltung mit wildfremden Menschen meine
ganze Philosophie: es scheint mir so thöricht, Recht haben
zu wollen um den Preis von Liebe, und ein Werthvollstes
nicht mittheilen zu können, um nicht die Sympathie aufzuheben. Hinc meae lacrimae. –

GAST AN NIETZSCHE

Venedig, 8. Nov. 1880

Aus meiner Musik haben Sie sich Nichts nehmen können,
ich weiß es. Dieß muß mir als Aufforderung gelten, wie

schwach noch in mir die Fähigkeit ist, einem so hohen Geist, wie Ihnen, ein paar Töne anzugeben, bei welchen Sie Wohlgefallen und vielleicht auch eine Anregung empfänden, –

NIETZSCHE AN GAST

Genua, 17. November 1880

Ihr Brief kam zur rechten Zeit: eben war der erste lichte und ruhige Moment erschienen, nach einer äußerst qualvollen unbegreiflichen Zeit, wo alle Übel des Leibes und der Seele über mich herfielen. Oh der tiefen Melancholie in Stresa! Ich sang und pfiff mir Ihre Melodien, um mir Muth zu machen: so werden Sie mir im Gedächtniß bleiben! Und wahrlich, alles Gute der Musik muß sich pfeifen lassen; aber die Deutschen haben nie singen gekonnt und schleppen sich mit ihren Klavieren: daher die Brunst für die Harmonie.

Verrathen Sie Niemandem, daß ich in Genua bin und bleiben werde; sagen Sie, ich bitte, gelegentlich, ich sei in San Remo. Ich will mir die unbekannteste Dachstuben-Existenz gründen (ich habe jetzt das vierte Logis schon).

Bleiben Sie muthig und so freudig-freundlich wie Ihr letzter Brief!

GAST AN NIETZSCHE

19. Februar 1881

Hier ist endlich der andre Partikel des M. 6. Wenn ich das Ganze überschaue, sage ich mir: es ist ein weltbewegendes Buch, im Großen und im Kleinsten. Heil Ihnen, daß es so gelang! Jetzt bin ich für den Titel »Eine Morgenröthe«, – ich dachte anfangs, er sei prätentiös. Wohin werden Sie in der Zukunft noch kommen?

Mit meinen Glückwünschen

Ihr dankbarer Schüler H. K.

NIETZSCHE AN GAST

Genua, 22. Februar 1881

Ist es wahr, lieber Freund, daß Sie einen guten Glauben an
das Ganze haben? Oder haben Sie mich nur etwas ermut-
higen wollen ? Ich bin so durch fortwährende Schmerzen
zerbrochen, daß ich nichts mehr beurtheilen kann, ich
sinne darüber nach, ob es mir nun nicht endlich erlaubt sei,
die ganze Bürde abzuwerfen; mein Vater, als er so alt war
wie ich es bin, starb....

Titel! Der zweite »Eine Morgenröthe« ist um einen
Grad zu schwärmerisch, orientalisch und weniger guten
Geschmacks: aber das wird durch den Vortheil aufge-
wogen, daß man eine freudigere Stimmung im Buche
voraussetzt als beim andern Titel, man liest in anderem
Zustande; es kommt dem Buche zu statten, welches, ohne
das Bißchen Aussicht auf den Morgen, doch gar zu düster wäre! – Anmaßend klingt der andre Titel auch, ach,
was liegt noch daran! Ein wenig Anmaßung mehr oder
weniger bei solch einem Buche! – Hinter diesem ganzen
Buche klingt mir meine Musik zu Manfred – denken Sie
sich! –

NIETZSCHE AN GAST

Genua, 30. März 1881

Eben las ich in Ihrem Hefte »Carnevale di Venezia« und
zwar zum ersten Male! Sonderbar! das Vorurtheil, es sei
viel von meinen Meinungen darin, hatte mich bisher dagegen eingenommen. Jetzt werde ich auf das Angenehmste
überrascht: es ist purus Gastius, reiner guter und nicht ver-
fälschter Wein aus Ihrem Weinberge ! Es tut mir alles so
wohl; und ich glaube, es sind sehr nützliche Tendenzen
in diesem Hefte ausgesprochen, die nicht nur mir nützlich
und wohlthuend erscheinen werden! Z. B. alle diese Be-
merkungen über Adalbert Stifter's »Nachsommer«! Das

könnte manchem Dichter, manchem Leser und Manchem, der beides noch nicht ist, recht zu Statten kommen! Ich wünschte, Sie machten sich einmal inmitten Ihrer Arbeit »Ferien« und schrieben dieses Heft um, mit allem Behagen und ohne jegliche Rücksicht auf das »mein« und »dein« zwischen uns Beiden – welches ja, nach der Ethik der Pythagoreer, unter Freunden nicht existirt! Und so soll es sein! Ganz vertraulich und heimlich gesprochen: für wen schrieb ich denn das letzte Buch auf? Für uns: Wir müssen uns einen Schatz an Eigenem sammeln, für das Alter! Denn mit dem Gedächtniß ist es nichts, ich habe z. B. den Inhalt meiner frühern Schriften fast vergessen... Sehen wir zu, daß wir unser ganzes Leben derartig für uns monumentalisiren, – es ist mir ganz gleichgültig und leerer Schall in den Ohren, wenn ein solches Begehren »Eitelkeit« heißt. Seien wir doch eitel für uns und so sehr als möglich!

Der Übelstand meiner Augen ist groß; jetzt z. B. nach der Arbeit dieses Winters muß ich viele Tage verstreichen lassen, ohne ein Wort zu lesen und zu schreiben; und kaum begreife ich's, wie ich mit diesem Manuscript fertig geworden bin. Voller Bedürfnisse, etwas zu lernen, und recht gut wissend, wo das steckt, was gerade ich zu lernen habe, muß ich das Leben so hinstreichen lassen – wie es meine elenden Organe, Kopf und Augen, fordern!

GAST AN NIETZSCHE

Venedig, 31. März 1881
Ihre Meinung über jenes Venediger Schmierakelbuch – um gleich von diesem zu sprechen – ist gewiß zu hoch. Solche Spar- und Sammel- (und Diebstahl-) Bücher habe ich eine Anzahl da liegen... Das, was in jenem Heft steht, sind ja fast ohne Ausnahme Gedanken, die Sie hier ausgesprochen und angeregt haben, und Vieles und das Beste davon finde ich in Ihrem letzten Buche auf jene frappante und hoheitliche Art dargestellt, wie es eben nur Ihrer großen Seele mög-

lich ist. Was soll da ein so vielgeplagter, kleinmüthiger, zuweilen ärgerlicher Mensch wie ich Ihren Gedanken die
Kraft und das Ansehen rauben, indem er sie mit seiner dün-
nen Stimme ebenfalls sagt... Was ich dagegen diesen Sommer gern machen möchte, das ist das Buch über Chopin,
worin eine Menge Dinge zur Sprache kommen sollen, die
vielleicht auch Ihre Stimme für sich haben würde. Aber
zum Henker! Ich kenne die Musikgeschichte so wenig...
Ihre letzten Schriften wurden in der Familie Wagner's ver-
dächtigt und ebenso gegen alle dort Einkehrenden;... Ich
drücke die Dinge etwas stark aus; so sagte ich einmal: Wagner habe erklärt, ein dummer Kerl zu bleiben sei etwas Hö-
heres, als ein gescheuter werden zu wollen. Durch ein paar
Beispiele brachte ich sie endlich darauf, daß dieß ohnge-
fähr mit der Erklärung Wagner's gegen die Wissenschaft gesagt sei.

NIETZSCHE AN GAST

Sils-Maria, 14. August 1881
Nun, mein lieber guter Freund! Die Augustsonne ist über
uns, das Jahr läuft davon, es wird stiller und friedlicher auf
Bergen und in den Wäldern. An meinem Horizonte sind Gedanken aufgestiegen, dergleichen ich noch nicht gesehen
habe, – davon will ich nichts verlauten lassen, und mich selber in einer unerschütterlichen Ruhe erhalten. Ich werde
wohl einige Jahre noch leben müssen! Ach, Freund, mitunter läuft mir die Ahnung durch den Kopf, daß ich eigentlich ein höchst gefährliches Leben lebe, denn ich gehöre zu
den Maschinen, welche zerspringen können! Die Intensi-
täten meines Gefühls machen mich schaudern und lachen –
schon ein paar Mal konnte ich das Zimmer nicht verlassen,
aus dem lächerlichen Grunde, daß meine Augen entzündet
waren – wodurch? Ich hatte jedesmal den Tag vorher auf
meinen Wanderungen zuviel geweint, und zwar nicht senti-
mentale Thränen, sondern Thränen des Jauchzens; wobei

ich sang und Unsinn redete, erfüllt von einem neuen Blick, den ich vor allen Menschen voraus habe.

Es gab wahrhaftig Augenblicke und ganze Zeiten meines Lebens (z. B. das Jahr 1878), wo ich einen kräftigenden Zuspruch, einen zustimmenden Händedruck wie das Labsal aller Labsale empfunden hätte – und gerade da ließen mich Alle im Stich, auf welche ich glaubte mich verlassen zu können und die mir jene Wohlthat hätten erzeigen können. Jetzt erwarte ich's nicht mehr und empfinde nur ein gewisses trübes Erstaunen, wenn ich z. B. an die Briefe denke, die ich jetzt bekomme, – Alles ist so unbedeutend, Keiner hat etwas durch mich erlebt, Keiner sich einen Gedanken über mich gemacht, – es ist achtbar und wohlwollend, was man mir sagt, aber ferne, ferne, ferne. Auch unser lieber Jacob Burckhardt schrieb so ein kleinlautes verzagtes Brieflein.

Dagegen nehme ich es als Belohnung auf, daß dies Jahr mir Zweierlei zeigte, das zu mir gehört und mir innig nahe ist: das ist Ihre Musik und diese Landschaft.

Nun, dies Sils-Maria will ich mir zu erhalten suchen. Und ebenso empfinde ich für Ihre Musik, aber weiß gar nicht, wie ihrer habhaft werden! Notenlesen und Klavierspielen habe ich aus meinen Beschäftigungen ein- für allemal streichen müssen. Die Anschaffung einer Schreibmaschine geht mir im Kopf herum, ich bin in Verbindung mit ihrem Erfinder, einem Dänen aus Kopenhagen.

NIETZSCHE AN GAST

Sils-Maria, 21. August 1881
Ich habe Overbeck beauftragt, Ihnen den 2. Band von Gottfried Keller's »Grünem Heinrich« zuzusenden und bitte Sie das Ganze, als einen Labetrunk nach schwerer Arbeit, aus meiner Hand freundlich anzunehmen. Ich juble mit Ihnen, wenn ich an Ihre Filigran-Partitur denke.

NIETZSCHE AN GAST

Sils-Maria, Ende August 1881

Aber mich überkommt, sobald ich nur Ihres Werkes gedenke, ein Gefühl von Befriedigung und eine Art von Rührung, dergleichen ich in Bezug auf meine eignen »Werke« nicht kenne... Ich vermuthe, Sie werden, unmittelbar in dem Erfolge, den Muth haben, Ihren ästhetischen neuen Willen durch ein paar beredte Schriftstücke der Welt kund zu thun und damit über die einzig zulässige Interpretation Ihres Werkes die Verwirrung beseitigen. Bekennen Sie sich ungescheut zu den höchsten Absichten! Menschen wie Sie müssen ihre Worte voranwerfen und sie durch ihre Thaten einzuholen wissen (selbst ich habe mir bisher erlaubt, nach dieser Praxis zu leben).

GAST AN NIETZSCHE

Venedig, 8. Sept. 1881

Ihr schöner Vorschlag, daß ich nach der Aufführung Einiges über dramatische Musik und dergleichen schreiben soll, findet in mir großen Anklang. Ich werde immer Einfälle zu sammeln suchen, ihre Form aber dann davon abhängen lassen, wie man dem aufgeführten Werk begegnet. Dabei werde ich mich eines früheren Wortes von Ihnen erinnern und meine Seele keine Falten machen lassen.

NIETZSCHE AN GAST

Genua, 28. November 1881

Hurrah! Freund! Wieder etwas Gutes kennen gelernt, eine Oper von Georges Bizet (wer ist das ?!): Carmen. Hörte sich an wie eine Novelle Mérimée's, geistreich, stark, hier und da erschütternd. Ein echt französisches Talent der komischen Oper, gar nicht desorientirt durch Wagner, dagegen ein wahrer Schüler von Hector Berlioz. So etwas habe ich für möglich gehalten! Es scheint, die Franzosen sind auf einem besseren Wege in der dramatischen Musik; und sie haben einen großen Vorsprung vor den Deutschen in Einem Hauptpunkte: die Leidenschaft ist bei ihnen keine so weithergeholte (wie z. B. alle Leidenschaften bei Wagner).

Heute etwas krank, durch schlechtes Wetter, nicht durch die Musik: vielleicht sogar wäre ich viel kränker, wenn ich sie nicht gehört hätte. Das Gute ist mir Medizin! Darum meine Liebe zu Ihnen!!

NIETZSCHE AN GAST

Genua, 5. Dezember 1881

Daß Bizet todt ist, gab mir einen tiefen Stich … Eine, so leidenschaftliche und so anmuthige Seele! Für mich ist dieses Werk eine Reise nach Spanien werth – ein höchst südländisches Werk! – Lachen Sie nicht, alter Freund, ich vergreife mich mit meinem »Geschmacke« nicht leicht so ganz und gar. – In herzlicher Dankbarkeit

N.

Recht krank inzwischen, doch wohl durch Carmen …

NIETZSCHE AN GAST

Genua, 8. Dezember 1881

Sehr spät bringt mein Gedächtniß (das mitunter verschüttet ist) heraus, daß es wirklich von Mérimée eine Novelle »Carmen« giebt, und daß das Schema und der Gedanke und auch die tragische Consequenz dieses Künstlers noch in der Oper fortleben. (Das Libretto ist nämlich bewunderungswürdig gut.) Ich bin nahe daran zu denken, Carmen sei die beste Oper, die es giebt; und so lange wir leben, wird sie auf allen Repertoiren Europa's sein.

GAST AN NIETZSCHE

Venedig, 14. Okt. 1881

Verehrter Herr Professor!

Auf Ihre gütige Karte vom 4. komme ich erst heut zurück: um Ihnen mit der Antwort zugleich die herzlichsten Glückwünsche zu Ihrem morgigen Geburtstage darzubringen! Wie sehr diese, und namentlich der Wunsch, daß Sie noch lange und unter besseren Bedingungen leben, von Herzen kommen, mag Ihnen wenigstens der eine Umstand bezeugen, daß ich mir deutlich bewußt bin, was ich durch Sie wurde – und was ich geblieben wäre, wenn ich Sie und Ihre ganze Welt n i c h t hätte in meine Erfahrung aufnehmen dürfen. Von keinem todten, noch lebenden Menschen auf Erden habe ich einen so tiefen und nachhaltigen Eindruck wie von Ihnen, Ihr Lachen darüber, daß ich die todten nur nicht kännte, hilft Nichts: – aber S i e kennen sie und haben sie mir ins Leben übersetzt.

NIETZSCHE AN GAST

Genua, 21. Januar 1882

Lieber Freund, ich habe mir eben einen Brief an Hofkapellmeister Levi in München ausgedacht, der mir ehedem bekannt war, – zuletzt muß ich mir aber doch erst Ihre Erlaubniß zu diesem Schritt erbitten. Vielleicht könnte ich selbst einen Brief an den König bewerkstelligen (mit Benutzung der »Gelegenheit«, daß ich ihm meine »Morgenröthe« überschickte!). Ich bin seit Ihrem Briefe zu Allem bereit und zu mehr noch. Soll ich an Bülow schreiben? Geben Sie mir schnell einen Wink, so geschieht's.

GAST AN NIETZSCHE

Venedig, 31. Jan. 1882
– Erschrecken Sie nicht über die Unbedachtsamkeit, die ich
begangen habe: ich habe Bülows Brief genommen und ihm
wieder zurückgeschickt. Darin stand u. a. auch: »Ich habe
nicht das allergeringste Interesse für »deutsche« Opernmusik – R. Wagner ist ein Phänomen –Phänomene machen
keine Schule.« Wer heißt ihn, aus dem Stegreif so über
mich und die Partitur wegfahren; ich habe ihn um keine
Auskunft über ein Phänomen R. W. gefragt. Ich habe ihm
gesagt, dieser Brief gehöre nicht zu mir, es thäte mir leid,
meine Verehrung vor ihm nicht besser bezeugen zu können, als indem ich seinen Brief als nie geschrieben betrachten wolle. Was wird daraus werden?

NIETZSCHE AN GAST

Genua, 29. Januar 1882
Lieber Freund, Hr. v. Bülow hat die Unarten preußischer
Officiere an sich, ist aber ein »ehrlicher Kerl«; – daß er sich
mit deutscher Opernmusik nicht mehr befassen will, hat geheime Gründe aller Art; mir fällt ein, daß er mir einmal
sagte »ich kenne Wagner's neuere Musik nicht.«

NIETZSCHE AN GAST

Genua, 5. Februar 1882
Ich finde Ihre Behandlung des Bülow'schen Falles ganz angemessen, – ich glaube, Bülow selber wird sie angemessen
finden: er ist liberaler Impulse fähig.

NIETZSCHE AN GAST

Naumburg, 19. Juni 1882
Mein lieber alter Freund, ein seltsames Jahr! Ganz äußer-
lich schon sieht es närrisch genug aus: denken Sie: daß ich
von Messina nach dem Berliner Grunewalde gereist bin,

der mir als Aufenthalt für den Sommer von einem schweize-
rischen Forstmann empfohlen wurde. Ich fand freilich hier
nicht, was ich suchte – und bin jetzt wieder in Naumburg.
Inzwischen ist aber allerlei Wesentliches geschehen oder
vorbereitet – und ich sehe mit Staunen dem sonderbaren
Würfelspiele zu und warte und warte...

NIETZSCHE AN GAST

Tautenburg, 13. Juli 1882
Jenes Gedicht »An den Schmerz« war nicht von mir. Es gehört zu den Dingen, die eine vollständige Gewalt über
mich haben; ich habe es noch nie ohne Thränen lesen können: es klingt wie eine Stimme, auf welche ich seit meiner
Kindheit gewartet und gewartet habe. Dieses Gedicht ist
von meiner Freundin Lou Salomé, von welcher Sie noch
nicht gehört haben werden. Lou ist die Tochter eines russischen Generals, und zwanzig Jahre alt; sie ist scharfsinnig
wie ein Adler und muthig wie ein Löwe und zuletzt doch
ein sehr mädchenhaftes Kind, welches vielleicht nicht
lange leben wird... Nach Bayreuth kommt sie hierher
nach Tautenburg, und im Herbst siedeln wir zusammen
nach Wien über. Sie ist auf die erstaunlichste Weise gerade
für meine Denk- und Gedankenweise vorbereitet.

Lieber Freund, Sie erweisen uns Beiden sicherlich die
Ehre, den Begriff einer Liebschaft von unserm Verhältniß
fernzuhalten. Wir sind Freunde und ich werde dieses Mädchen und dieses Vertrauen zu mir halten. – Übrigens hat
sie einen unglaublich sicheren Charakter und weiß selbst
sehr genau, was sie will – ohne die Welt zu fragen und sich
um die Welt zu bekümmern. Dies für Sie und für Niemanden sonst. Aber wenn Sie nach Wien kämen, wäre es
schön!

GAST AN NIETZSCHE

Venedig, 16. Juli 1882

Daß jenes Gedicht »An den Schmerz« nicht von Ihnen sei, habe ich mir nicht träumen lassen; durch kein Wort wurde ich in diesem Glauben irre gemacht. Nun geben Sie mir über ihre Urheberin so interessante Nachrichten, daß es mich entzückt, Ihr Leben um ein solches Wesen bereichert zu sehen: sie wird Vieles aus Ihnen herauslocken, was bei der ewigen Mannsgesellschaft nicht aus der Verborgenheit konnte. Es wäre wohl recht nach der Lebenskunst, meinerseits auf Ihre so ehrende Einladung nach Wien einzugehen, um auch an dieser Anregung Theil zu nehmen; – wenn nur nicht in mir so viel von dem Safte wäre, welcher den Zweifel und das Neinsagen macht, und der mich zwischen schönen Felsen und Inseln hindurch und immer an ihnen vorbei steuert, sodaß es ein Leben ergeben wird, so eintönig wie die See.

NIETZSCHE AN GAST

Tautenburg, Dienstag, 25. Juli 1882

Sonntags war ich in Naumburg, um meine Schwester ein wenig noch auf den Parsifal vorzubereiten. Da gieng es mir seltsam genug! Schließlich sagte ich: »meine liebe Schwester, ganz diese Art Musik habe ich als Knabe gemacht, damals als ich mein Oratorium machte« – und nun habe ich die alten Papiere hervorgeholt und, nach langer Zwischenzeit, wieder abgespielt: die Identität von Stimmung und Ausdruck war märchenhaft! Ja, einige Stellen, z. B. »Der Tod der Könige«, schienen uns Beiden ergreifender als Alles, was wir uns aus dem P. vorgeführt hatten, aber doch ganz parsifalesk! Ich gestehe: mit einem wahren Schrecken bin ich mir wieder bewußt geworden, wie nahe ich eigentlich mit Wagner verwandt bin.

GAST AN NIETZSCHE

Venedig, 16. Juli 1882
– Ich habe mich den ganzen Tag in der Freude gewogen,
daß Ihnen so viel Schönes von der neuen Gesellschaft be-
vorsteht, und bin immer mehr der Ansicht geworden, daß
ich in dieses neue Verhältniß nicht so früh eintreten darf.
Es ist mein aufrichtigster Wunsch, von Ihnen in Zukunft so
wenig als möglich gefühlt zu werden, und mindestens auf
diese Weise zu beweisen, daß ich mir von der Wirkung meines Wesens einen wahren Begriff zu machen suche.

NIETZSCHE AN GAST

Tautenburg, 1. August 1882
Cosima Wagner, die immer noch »eine treue Zuneigung zu
mir« hat, hat Lou und meine Schwester zu sich privatissime eingeladen, – mehr weiß ich noch nicht. Meine Schwester schrieb: »ich fürchte, ein Tauber wäre von der Aufführung begeistert.«.
Beide Damen kommen heute Abend; Wetter dort und
hier unsäglich schauderhaft.
Ihr alter Freund F. N.

Wagner hat neulich furchtbar traurig gesprochen:
»seine besten Freunde Nietzsche, Rohde verließen ihn; er
sei einsam«.

NIETZSCHE AN GAST

Tautenburg, 4. August 1882
Lieber Freund.
Eines Tages flog ein Vogel an mir vorüber; und ich, aber-
gläubisch wie alle einsamen Menschen, die an einer Wende
ihrer Straße stehen, glaubte einen Adler gesehn zu haben.
Nun bemüht sich alle Welt darum, mir zu beweisen, daß

ich mich irre, – und es giebt einen artigen europäischen Klatsch darüber. Wer ist nun der Glücklichere – ich, »der Getäuschte«, wie man sagt, der einen ganzen Sommer ob dieses Vogelzeichens in einer höheren Welt der Hoffnung lebte – oder Jene, welche »nicht zu täuschen« sind? – Und so weiter. Amen.

Gestern, alter Freund, überfiel mich der Dämon der Musik – »stellen Sie sich mein Entsetzen für!« mit Lessing zu reden. Mein gegenwärtiger Zustand »in media vita« will auch noch in Tönen sich aussprechen: ich werde nicht loskommen. Und es ist recht so: bevor ich meine neue Straße ziehe, muß ich noch ein wenig blasen und geigen.

GAST AN NIETZSCHE

7. Aug. 1882

Wenn ich recht verstehe, bezieht sich Ihre Enttäuschung auf Fräulein Lou. Da ich gar nichts Näheres weiß, so bin ich dazu auch ganz ohne Meinung, wenn auch nicht ohne Theilnahme an dem Schlage, der Sie getroffen. Ich entsinne mich nur des ersten Eindrucks Ihrer Nachricht von Lou.

NIETZSCHE AN GAST

Tautenburg, 20. August 1882

Die »Fröhliche Wissenschaft« ist eingetroffen; ich sende Ihnen sofort das erste Exemplar. Mancherlei wird Ihnen neu sein... über Schopenhauer habe ich ausdrücklicher geredet (– auf ihn und auf Wagner werde ich vielleicht nie wieder zurückkommen, ich mußte jetzt mein Verhältniß feststellen, in Bezug auf meine früheren Meinungen, – denn zuletzt bin ich ein Lehrer und habe die Pflicht, zu sagen, worin ich mir gleich bleibe und worin ich ein Anderer geworden bin)... Leben Sie wohl! Wir wollen dem Leben ja nicht gram werden, sondern immer mehr werden, die wir sind – die »fröhlich-Wissenden«. Lou bleibt noch

eine Woche bei mir. Sie ist das intelligenteste aller Weiber. Alle fünf Tage haben wir eine kleine Tragödienscene. –
Alles, was ich Ihnen über sie schrieb, ist Unsinn, wahrscheinlich auch Das, was ich eben schrieb.

Von ganzem Herzen Ihnen ergeben und dankbar

F. N.

NIETZSCHE AN GAST

Leipzig, 16. September 1882
(Auenstraße 26^{II})

Endlich, liebster Freund, habe ich etwas von Ihrer Musik
zu hören bekommen; ich mußte, um dies zu ermöglichen,
nach Leipzig übersiedeln, und auch hier fand sich nicht
gleich der Vermittler. Genug, gestern Nachmittag haben
wir, nämlich der alte Riedel (der Präsident des Allgemeinen deutschen Musikvereins, der ein paar Tage lang sich
mit dem ganzen Klavierauszuge vertraut zu machen gesucht hatte) und ich, über dieser »Musik für Italiener« ge-
hockt, und dies mit einer herzlichen Bewunderung für
deren Urheber. Nichts wäre leichter, als hier in diesem Winter Ihr Singspiel »Scherz, List und Rache« zur Aufführung
zu bringen. Der Unternehmer, der ehemals berühmte Stäge-
mann, sucht nach einer Novität und findet nichts; der Kapellmeister Hr. Nikisch wird mir von allen Seiten gepriesen
als großer Dirigent, als feinsinniger und neuerungslusti-
ger Musiker, der für Ihr Werk mit Passion thätig sein
würde. Es ist ein Augenblick, wo die Küche heiß ist, man
brauchte die Schüssel nur hineinzuschieben.

GAST AN NIETZSCHE

20. Sept. 1882

»Italiänische Musik für Deutsche« – ich habe es auch
schon gedacht; die Italiäner haben aber Vieles mit den
Deutschen gemein, mehr als andre Romanen; der frühere

Wagner schmeckt ihnen recht gut, sie bringen nur dergleichen nicht zu Wege ...

Ist denn das Fräulein krank? Sie soll ja beim Heroismus
die Idylle nicht vergessen, um in Ihrer Nähe leben zu können.

GAST AN NIETZSCHE

Venedig, 23. Sept. 1882

Liszt und Wagner spazieren auf dem Marcusplatz herum,
mit einander berathend, als gälte es wirklich die Herstellung einer neuen, wahrscheinlich buddhaistischen Cultur.
Beide sind mir gräßliche Komödianten.

GAST AN NIETZSCHE

Leipzig, 27. Nov. 1882

Ich glaube auch, man müsse es machen, wie Paganini, dem
die Lästerzungen nachsagten, er habe seine Frau erwürgt,
habe aus ihrem Gedärm die Saiten seiner Geige gefertigt
und nur im Schauder von dieser That und im heiligen
Wunsch nach sittlicher Erhebung den erschütternden Ausdruck seines Spiels erreicht. So will mindestens auch ich
meine unsokratische Sonnenuntergangsruhe durch Erwürgen meiner – Weiber aufrecht erhalten und mir jene Art
Darmsaiten drehen!

NIETZSCHE AN GAST

Rapallo, 1. Februar 1883

Vielleicht haben Sie Vergnügen daran zu hören, was es zu
schreiben und druckfertig zu machen giebt. Es handelt sich
um ein kleines Buch – hundert Druckseiten etwa. Aber es
ist mein Bestes, und ich habe einen schweren Stein mir damit von der Seele gewälzt. Es giebt nichts Ernsteres von mir
und auch nichts Heitreres; ich wünsche von Herzen, daß
diese Farbe – welche nicht einmal eine Mischfarbe zu sein

braucht – immer mehr zu meiner »Natur«farbe werde.
Das Buch soll heißen

> Also sprach Zarathustra.
> Ein Buch für Alle und Keinen
> Von
> F. N.

Mit diesem Buche bin ich in einen neuen »Ring« eingetre-
ten – von jetzt ab werde ich wohl in Deutschland unter die
Verrückten gerechnet werden. Es ist eine wunderliche Art
von »Moral – Predigten«.

Mein Aufenthalt in Deutschland hat mich vollkommen
zu dem gleichen Gesichtspunkte gebracht wie Sie, liebster
Freund, der Ihrige – nämlich daß ich nicht mehr hineinge-
höre. Und jetzt wenigstens, nach meinem »Zarathustra«,
geht es mir auch wie Ihnen: diese Einsicht und »Stellung-
nahme« hat mich ermuthigt.

GAST AN NIETZSCHE

Venedig, 16. Febr. 1883

Verehrter Herr Professor!
Am Dienstag den 13. Februar ging ich, wie jeden
Abend, ziemlich rasch durch die Stadt, als mich ein Herr
fragt, ob ich nach dem Palast Vendramin gehe; ich sei ihm
als deutscher Musiker gezeigt worden und er vermuthe deß-
halb, daß ich zu Wagner's gehe; es heiße, er sei todt. Ich
meinte darauf, er solle sich Nichts weiß machen lassen,
Wagner werde in zwanzig Jahren noch leben; ich ging aber
doch mit. Im Palast beschrieben uns nun der Portier und
die Gondoliere, daß es wirklich so sei, daß Wagner in der
letzten Zeit an Asthma gelitten und daß er am Herzschlag
gestorben sei. Er war die Tage vorher Nachmittags auf
dem Canal grande spazieren gefahren und wollte auch am
Dienstag wieder ausfahren. Um 2 Uhr beklagte er sich über

Beklemmung und Ohnmacht, diese vergieng jedoch wieder, sodaß zur Mahlzeit geschritten wurde. Über dem Essen wiederholte sich der Anfall, man schaffte Wagnern zu Bett und nach einiger Zeit war er todt, umgeben von seiner Familie. Die Ärzte constatirten eine Herzerweiterung, vielmehr eine Degeneration des Herzfleisches, welche auf den Blutumlauf hindernd wirkte und die schließlich zur Sprengung einer großen Arterie führen mußte. Zu einem Italiäner sagte Wagner in der letzten Zeit: »man beklagt sich über mein Temperament. O, wenn ihr wüßtet, wie mir ist! Ich befinde mich schlecht, sehr schlecht, *male, malissimo!*«

Zu meinem Begleiter, einem Franzosen Meyrargues, Correspondenten vom »*Corriere della Sera*« in Mailand, konnte ich kein Wort mehr sprechen. Ich bin wohl eine halbe Stunde unter strömendem Regen im Palasthof gestanden, oben die Lichter, in meiner Phantasie die Bestürzung der Familie, die Wunderlichkeit des Schicksals, das mich in dieser Nacht an diesen Ort stellt, die plötzlich veränderte Physiognomie unserer Musikzustände, ich hier als Einer, dem in mancher Stunde das Herz nach Wagner's Tact gepocht hat, und mehr noch, – kurz, es gieng viel vor in mir, und ich bin immer noch sehr bewegt.

NIETZSCHE AN GAST

Rapallo, 19. Februar 1883

Ich war einige Tage heftig krank und machte meinen Wirthen Besorgnisse. Es geht nun wieder, und ich glaube sogar, daß der Tod Wagner's die wesentlichste Erleichterung war, die mir jetzt geschafft werden konnte. Es war hart, sechs Jahre lang Gegner Dessen sein zu müssen, den man am meisten verehrt hat, und ich bin nicht grob genug dazu gebaut. Zuletzt war es der altgewordne Wagner, gegen den ich mich wehren mußte; was den eigentlichen Wagner betrifft, so will ich schon noch zu einem guten Theile sein Erbe werden... Im letzten Sommer empfand ich, daß er mir alle die Menschen weggenommen hatte, auf welche in Deutschland zu wirken überhaupt Sinn haben kann, und sie in die verworrne wüste Feindseligkeit seines Alters hineinzuziehn begann.

Es versteht sich, daß ich an Cosima geschrieben habe.

Was Ihre Worte über Lou betrifft, so habe ich sehr lachen müssen. Aber im gegebnen Falle handelte es sich verdammt wenig um »mit oder ohne Liebreiz«, sondern darum, ob ein groß angelegter Mensch zu Grunde geht oder nicht. –

Also die Correkturen dürfen wieder zu Ihnen laufen, mein alter hülfreicher Freund? – Schönsten Dank für Alles.

F. N.

GAST AN NIETZSCHE

Venedig, 22. Febr. 1883

Wie schon gesagt, ich sehe mit idealistischer Begierde dem Eintreffen des ersten Druckbogens Ihres neuen Werkes entgegen und setze meine Ehre darein, daß dieses Buch so correct als möglich vor die Augen seiner Leser komme...

GAST AN NIETZSCHE

Venedig, 7. April 1883

Wenn es mir gelänge, mit der italiänischen Oper ein paar tausend Francs zu gewinnen, so würde ich mir jenes Hochplateau in Mexiko ansehen und, wenn Sie nicht schon zu dieser Besichtigung zu animiren gewesen wären, Sie, bei gutem Befund, zum Hinüberfahren mit mir zu bewegen suchen. Das ist nun leider erst ein Luftschloß – und was weiß ich, was ich bei diesem Calcül Alles vergessen habe. Wahrscheinlich ist die Oper auch unaufführbar und ich bin der Ochse. Der Ochs aber sagte zum Fleischer: »Der Klügere giebt nach« – und ließ sich schlachten... ach, er hat es nicht nöthig, das erst zu sagen.

NIETZSCHE AN GAST

Genua, 27. April 83

Zuletzt kam der Tod Wagner's. Was riß damit Alles in mir auf! Es ist meine schwerste Probe gewesen, in Bezug auf Gerechtigkeit gegen Menschen – dieser ganze Verkehr und Nichtmehr-Verkehr mit Wagner; und mindestens hatte ich es zuletzt hierin zu jener »Indolenz« gebracht, von der Sie schreiben. Was kann freilich melancholischer sein als Indolenz, wenn ich an jene Zeiten denke, wo der letzte Theil des »Siegfried« entstand! Damals liebten wir uns und hofften Alles für einander – es war wirklich eine tiefe Liebe, ohne Nebengedanken. –

GAST AN NIETZSCHE

Venedig, 18. April 1883

Heut Abend »Götterdämmerung« im Teatro Fenice. Sie können nicht glauben, was ich Alles bei den drei vorherigen Abenden gelernt habe! Ich höre hier mit italiänischen Ohren. Vor sieben Jahren dachte ich nicht daran, daß ich das Ganze in Italien, und ich glaube fast, besser als in Bayreuth, hören würde. Die Venezianer kommen dem Werk mit offenen Armen entgegen: – dieß hätte ich zuvor nicht gedacht. So viel Kinderei in den Nibelungen ist – eine Kinderei, der Wagner selbst nicht überlegen scheint –, soviel Großes und sogar Schönes ist darin. Die letzte Hälfte des 3. Actes vom »Siegfried« – nein, ich find nicht Worte, dessen Eindruck wiederzugeben: dieses Leuchten der starken Empfindung! Die Fabel, daß man die Sprache verschiedener Wesen erst nach Erlegung eines Drachen verstehe, von dessen Blut man obendrein gekostet, gefiel mir gut. Davon können Sie auch erzählen!

GAST AN NIETZSCHE

Venedig, 9. Juli 1883

Über Epikurs Empfehlung, nach dem Lustgefühl zu streben, habe ich jetzt öfter nachgedacht, bin aber nicht ganz ins Reine gekommen. Die gesammte organische Natur empfindet epikurisch, sie strebt nach Lust – nach Erhaltung, Stark- und Wohlbefinden. Aber die Lust der verschiedenen Organismen ist so verschieden. Ein Mensch wie Schopenhauer empfindet Lust in der wohlfeilsten Art von Verachtung, im Nachdenken über die allseitigen Hindernisse des Lustgefühls, in der Verunglimpfung des ganzen Weltalls, in welchem es fortwährend nur Schädigendes und Geschädigtes, Werdendes und Untergehendes giebt. Ein andrer empfindet Lust an seiner eignen seelischen Schönheit, an der Beglückung der Anderen, an der Betrachtung der Natur ohne Rücksicht auf die menschliche Bornirtheit und Zimpferlichkeit. Menschen wie Schopenhauer soll man die Unlust, den moralischen Zwang empfehlen, und nur Der erst, dem die menschliche Cultur zur Natur geworden, soll auch natürlich empfinden, Epikureer sein, nach Lust streben dürfen. – Daß es in Epikurs Garten Weibchen gab, vergnügt mich.

GAST AN NIETZSCHE

Venedig, 21. Aug. 1883

Woher der viele Epikur stammt?... Sein Bild habe ich von Ihnen! Eine genaue Kenntniß seines Gartens, seiner Genossen, seiner Stellung zur vorangegangenen und gleichen Zeit, seiner Lehre und Praxis habe ich erst jetzt gewonnen. Er ist ein wahres Meerwunder von »unbefleckter Erkenntniß«. Es würde ihn krank und elend gemacht, innerlich aufgerieben haben, wenn er moralisch seriös geblieben wäre. Er lernte das moralisch Seriöse erst durch die mechanische Weltanschauung ästethisch genießen ... Als Ganzes genom-

men scheint mir die Natur nicht auf die Lust hin angelegt
zu sein: Wohl aber in den einzelnen Erscheinungen. Jeder
Organismus will sich kraftvoll und gut im Leben behaupten. Aber indem dieß alle wollen, gerathen sie in Kampf.
Auf diesen Kampf richtete Schopenhauer sein sentimenta-
les Augenmerk: die Welt ist miserabel.

NIETZSCHE AN GAST

Sils-Maria, 26. August 1883
Wie gut that mir wieder ihr Brief, Freund Venezianer! –
Das heiße ich »Vorlesungen über griechische Cultur« vor
Einem, der sie nöthig hat – und nicht vor Leipziger Studen-
ten et hoc genus omne… Worum ich Epikur beneide, das
sind seine Schüler in seinem Garten; ja da läßt sich schon
das edle Griechenland, und da ließe sich gar das unedle
Deutschland vergessen! Und daher meine Wuth, seit ich
im breitesten Sinne begriffen habe, was für erbärmliche
Mittel (die Herabsetzung meines Rufs, meines Charakters,
meiner Absichten) genügen, um mir das Vertrauen und
damit die Möglichkeit von Schülern zu nehmen… Denn
zuletzt: der Trieb des Lehrens ist stark in mir. Und insofern brauche ich sogar Ruhm, daß ich Schüler bekomme –
zumal es mit einer Stellung an Universitäten nach der letzten Erfahrung unmöglich ist.

NIETZSCHE AN GAST

Sils-Maria, Montag, 3. September 83
Nun ist es wieder einmal mit dem Engadin für mich zu
Ende: Mittwoch will ich abreisen –nach Deutschland, wo
es Mehreres für mich zu thun und abzuthun giebt. Geben
Sie, wenn Sie mir schreiben wollen, Ihrem Briefe die Richtung auf Naumburg; da will ich ein wenig mich in den na-
türlichsten Empfindungen ausruhen und erholen, eingerechnet, daß ich viel schönes Obst essen will. Was mir auch

dort fehlen wird, wie es mir überall fehlt – das ist Ihre Musik. Ich glaube, wie Sie meine Sachen vielleicht stärker und unbequemer empfinden als irgend Jemand, so muß ich alles, was von Ihnen kommt, balsamischer empfinden als Andere es können; dies ist ja ein ganz artiges Verhältniß zwischen uns! Vielleicht ist es ein Verhältniß wie zwischen Komödien- und Tragödiendichtern (ich sagte Ihnen wohl einmal, daß Wagner in mir einen verkappten Tragödiendichter sah): gewiß ist, daß ich im Ganzen »epikurischer« dabei wegkomme als Sie; und so ist es das »Gesetz der Dinge«: der Komödiendichter ist die höhere Gattung und muß mehr wohlthun als jener Andere, ob er es nun will oder nicht... Übrigens muß ich Ihnen, nicht ohne Betrübniß, melden, daß jetzt, mit dem dritten Theile, der arme Zarathustra wirklich in's Düstere geräth – so sehr, daß Schopenhauer und Leopardi nur als Anfänger und Neulinge gegen seinen »Pessimismus« erscheinen werden.

NIETZSCHE AN GAST

Nizza, 1. Febr. 84

Mein alter treuer Freund, – denn daß ich so lange schwieg, das hat Sie mir gewiß nicht untreu gemacht. Es gab nichts Gutes zu melden... Wissen Sie eigentlich, daß ich im vorigen Winter einen Typhus durchgemacht habe?... Inzwischen ist mein Verlangen nach Ihrer Musik so groß geworden, daß ich unversehens wohl einmal in Venedig erscheinen werde. Es ist ein Verlangen wie nach schwerer Krankheit: ich glaube, Sie finden in der ganzen Welt keine Ohren, die so auf Sie hören möchten, lieber Freund! –

GAST AN NIETZSCHE

Venedig, 29. Februar 1884

Vor Ostern werde ich mit der Oper nicht fertig; ich kann aber nicht eher Schritte thun, als bis sie eben fertig ist. Es ist ein Band von über 400 Seiten; so dickleibig wie Tristan, nur etwas munterer im Tempo und somit kürzer...

Einem *furbo* von Verleger wie Ricordi in Mailand oder seinen Genossen möchte ich als Anfänger auch nicht gleich in die Hände fallen. Kurz, ich wünschte erst eine Aufführung des Werks, ehe ich's verkaufe. So trage ich mich denn mit folgendem Gedanken: zu mehrerer Ausbildung meines wachsenden Selbstvertrauens will ich mich dem paduanischen Impresario, der öfter schon im hiesigen Fenice-Theater stagionirt hat, als Kapellmeister anbieten für zwei oder drei Opern.

NIETZSCHE AN GAST

Nizza, 5. März 1884

Lieber Freund, das ist ja eine herrliche Neuigkeit, dieser Entschluß, den Sie mir melden – eine so naturgemäße Lösung Ihres langen Venizianerthums! Ich merke erst jetzt, wie es mich im Grunde beunruhigt hat, daß Sie nicht an der Spitze Ihrer Truppen marschiren wollten – ich meine mit dem Taktstock in der Hand! Vor Allem wünschte ich nun, daß der Contrakt mit dem Impresario sogleich gemacht werde und kein Tag mehr dazwischen trete: das Fertigwerden der Partitur ist ja dazu durchaus nicht nöthig!

Mit diesem Projekt haben Sie einen Köder nach mir geworfen, dem ich alter Musik-Karpfen nicht ausweichen kann: ja, ich komme dazu nach Venedig, und schon zu den Proben, falls Sie mir dies erlauben werden. Niemals in meinem Leben habe ich Musik so nöthig gehabt wie in diesem Jahre – schließlich kommt Alles zur rechten Zeit!

GAST AN NIETZSCHE

Annaberg, 30. Juni 1884

Verehrter Herr Professor!

Am Sonntag, 22. Juni früh 8 Uhr traf ich in Dresden ein. Schuch suchte ich am Montag im Theater auf: am Mittwoch, und auf sein Verlangen, am Freitag nochmals, spielte ich ihm vor. Er schien bei manchen Stellen Vergnügen zu haben. Etwas Gewisses könne er mir, ehe er die Übersetzung nicht gesehen, nicht sagen; er wünsche aber, um die Bekanntschaft mit meiner Musik noch zu erweitern, daß ich ihn im August auf seiner Villa bei Dresden besuche. Er ging nämlich letzten Sonnabend in die Vacanz nach Carlsbad und kehrt erst Anfang August zurück. Er wollte, daß die Übersetzung in vier Wochen fertig sei. Nun, diese Ungeduld gefiel mir. Aber so rasch läßt sich das nicht bewerkstelligen, wenigstens nicht durch mich.

Jetzt bin ich daheim, wohne in einem Nachbarhaus, das meinem Vater gehört, und will deutsche Knüttelverse über italiänische Liebenswürdigkeiten zimmern. Hier ist die Natur vom Allerschönsten, und eine Stille genieße ich, gegen die jede venezianische Stille noch Lärm ist. Ich befinde mich dabei wohl, bin ohne Bedenken und auch nicht ohne einige Hoffnung. Es geht Nichts über die Dummheit, die Einem die Gesundheit (Nominativ) giebt.

NIETZSCHE AN GAST

Sils-Maria, 2. Sept. 1884

Heinrich von Stein, ein prachtvolles Stück Mensch und Mann, an dem ich Freude gehabt habe, sagte mir ganz ehrlich, er habe von besagtem Zarathustra »zwölf Sätze und nicht mehr« verstanden. – Das that mir sehr wohl.

Schreiben Sie mir ein Wort über Ihre Übersetzung.

Mit der Gesundheit steht es sehr unsicher, es stand in Venedig besser, und in Nizza besser als in Venedig. Alle 10 Tage ein guter Tag: so lautet meine Statistik, hole sie der Teufel! Kein Mensch, der mir vorliest! Alle Abende melancholisch im niedrigen Zimmer, frostklappernd, 3–4 Stunden die Erlaubniß abwarten, zu Bett zu gehn!

Heute verläßt mich meine beste Sommer-Bekanntschaft, meine Tisch-Nachbarin Frl. von Mansuroff, dame d'honneur der russischen Kaiserin – ach, wir hatten uns so viel zu erzählen, es ist ein Jammer, daß sie fortgeht! Denken Sie doch, eine veritable Schülerin Chopin's, und voller Liebe und Bewunderung für diesen »ebenso stolzen wie bescheidenen« Menschen!... Sils-Maria ist allerersten Ranges, als Landschaft – und nunmehr auch, wie man mir sagte, durch »den Einsiedler von Sils-Maria«...

Sehen Sie, da schrieb ich schnell noch eine »Unbescheidenheit allerersten Ranges«!

NIETZSCHE AN GAST

Zürich, 30. September 1884

Gottfried Keller hat für heute mit mir eine Zusammenkunft verabredet. Ich habe den Kopf voll der ausgelassensten Lieder, die je durch den Kopf eines Lyrikers gelaufen sind...

Kurz – seien wir voller Hoffnungen, oder um mich besser, mit Worten des alten Gottfried Keller auszudrücken:

»Trinkt, oh Augen, was die Wimper hält,
von dem goldnen Überfluß der Welt!«

Ihr dankbarer Freund N.

GAST AN NIETZSCHE

Zürich, 25. Nov. 1884

Wie danke ich Ihnen für Ihren Glauben an mich! für diesen übermüthigen Hymnus, dem ich ein Ähnliches in Tönen nachstellen möchte! und für all das Wohlwollen ohne Gleichen, das Sie in diesem Herbst mir zuwendeten! Wahrlich, Sie verstehen es, Alle zu Sich emporzuheben, indem Sie unwillkürlich ihr Bestes wecken. Sonntag den 7. Dec., werde ich in einem Concert der hiesigen »Harmonie« (in der Tonhalle) die »Löwen von Venedig«-Ouvertüre selber dirigieren!

NIETZSCHE AN GAST

Nizza, 30. März 1885

Ah, wenn Sie wüßten, wie allein ich jetzt auf der Welt bin! Und wieviel Komödie noth thut, um nicht, hier und da, aus Überdruß, irgend Jemandem in's Gesicht zu spucken! Glücklicherweise ist etwas von den höflichen Manieren meines Sohnes Zarathustra auch in seinem verrückten Vater vorhanden.

NIETZSCHE AN GAST

Sils-Maria, 23. Juli 1885

(In allen meinen Krankheits-Zuständen fühle ich, mit Schrecken, eine Art Herabziehung zu pöbelhaften Schwächen, pöbelhaften Milden, sogar pöbelhaften Tugenden – verstehen Sie das? Oh Sie Gesunder!)... Es giebt nicht zu viel werthvolle Dinge; und diese kommen von selber und wollen zu uns. Vornehm ist das Ausweichen vor kleinen Ehren, und Mißtrauen gegen Den, welcher leicht lobt. Vornehm ist der Zweifel an der Mittheilbarkeit des Herzens; die Einsamkeit nicht als gewählt, sondern als gegeben. Die Überzeugung, daß man nur gegen Seines-Gleichen Pflichten hat und gegen die Andern nach Gutdünken verfährt; daß man sich immer als Einen fühlt, der Ehren zu vergeben hat, und selten Jemandem zugesteht, daß er Ehren gerade für uns auszutheilen habe; alter Freund, ich ermüde Ihre Geduld, aber Sie errathen gewiß, was mir an Ihrem Leben gefällt und Freude macht, und was ich immer fester unterstrichen wünschte.

GAST AN NIETZSCHE

Wien, 8. Nov. 1885

Wie geht es Ihnen, verehrter Herr Professor? Ich kann mir kaum vorstellen, daß Sie noch im deutschen Regenlande

seien. Von Wien rathe ich Ihnen ab ... Beethoven, sogar als
Tauber, würde heute aus Wien fliehen. Der Prater, ein Ort
für die Herren Hausknechte. Das Hofopernorchester
kaum so gut wie das Dresdener, u.s.w., u.s.w. Viel Lärm
um Nichts. Wie gut meint es mein Geschick – oder Unge-
schick mit mir, daß ich's mit mehreren Menschen in dieser
Stadt verdorben habe.

GAST AN NIETZSCHE

Wien, 1. Dez. 1885
Schöne Pferde und schöne Frauen – das zeichnet Wien gewiß vor allen Großstädten Europas aus. Nirgends sah ich
die schönen Exemplare in solcher Überzahl.

NIETZSCHE AN GAST

Der Unmuth über einen nochmaligen Mißerfolg dürfte Sie,
wie ich es billig, aber schmerzlich empfinde, nach Venedig
zurück treiben, als nach dem einzigen Orte, der für Sie be-
wiesen ist. Wenn ich mir erlaubte, Ihnen in meinen letzten
Briefen Nizza anzuempfehlen, ... so erwägen Sie, daß die
4 Monate, welche ich mich wahrscheinlich jedes Jahr hierselbst aufhalte, nur den dritten Theil des Jahres ausmachen; zweitens, daß es gerade die 4 Arbeits-Monate für
mich sind, in denen ich »den Menschen« aus dem Wege
gehe, vielleicht sogar den Freunden; erwägen Sie vor Allem, daß es ein Freund ist, mit dem man eine strenge Verabredung machen kann, und der an allen Ihren Arbeits- und
Lebensbedingungen beinahe ein persönliches Interesse
hat. Andererseits nämlich räth Vieles zu Nizza: es ist ein
Ort, um das ganze Jahr daselbst zu leben –

GAST AN NIETZSCHE

Annaberg, 27. Jan. 1886

Mein Vater hat sich, auf einer seiner tollkühnen Schlitten-
fahrten, den rechten Arm ausgefallen, sodaß ich ihm fast
Alles, was er zu schreiben hat, zu besorgen habe. So bin ich
denn Vicebürgermeister, Gas-, Bau- und Leihhausdeputa-
tionsvorstand, – Ortskrankenkassendirector, Gewerbever-
ein-und Gewerbschuldirector, Vormund so und so vieler
Waisen, Vater von drei nichtsnutzigen, geldverhauenden
Schlingeln u. s. w. – Alles in einer Person.

NIETZSCHE AN GAST

Nice (France)
rue St. François de Paule 26[II]
(27. März 1886)

Grüßen Sie Ihren verehrlichen Vater von mir, mit dessen Be-
finden es hoffentlich besser geht? Es hat mich sehr lachen
machen, Sie mir als seinen Vicar zu denken. Sie passen
nicht schlecht dazu? hein!

Votre ami
N.

NIETZSCHE AN GAST

[Nizza, 21. April 1886]

Lieber Freund,

immer noch aus Nizza! Im entscheidenden Zeitpunkte,
wo ich nach Venedig fort wollte, schlug das Wetter um,
und eine Art Verhärtung und Verwinterlichung hat bis jetzt
Stand gehalten: so daß ich erst Ende Monats davon fliegen
will. Wohin? selbst das ist nicht gewiß. Bei weitem am lieb-
sten nach Venedig... Freilich: Venedig ohne Ihre Musik,
lieber Freund! Es schmerzt mich durch und durch, wenn
ich daran denke; Sie können nicht glauben, welche Wohl-

that Sie mir, seit Recaro, Jahr für Jahr, erwiesen haben, und wie Nichts im Grunde mir diese Erleichterung gegeben hat, die meine Schwere und Schwermüthigkeit so nöthig hat –, als Ihre Kunst. Auch bleibe ich dabei, daß ich in Bezug auf Ihre Musik Recht habe: und nicht Herr Mottl, – dessen Urtheil ich mir zwar psychologisch zurecht erklären kann, nimmermehr aber aneignen will! Einstweilen ist es die Wagnerei, die Ihnen im Wege steht; auch die deutsche Vergröberung und Vertölpelung, die seit dem »Reiche« wächst und wächst... Wenn Sie einmal an Ihre trefflichen Leute nach Venedig schreiben: bitte, geben Sie ihnen zu verstehen, daß mir an zwei Dingen viel gelegen sei. Erstens, daß der Boden des Zimmers mit einem Teppich belegt werde: ich erkälte mich so leicht. Und dann: ein großer bequemer, gelehrter Lehnstuhl (in Frankreich sagt man für dieses Möbel verständnißvoll »un Voltaire«). Eventuell kann man dergleichen miethen: natürlich auf meine Unkosten. – Ihr Anerbieten, mir wieder bei der Correktur helfen zu wollen, ist herrlich.

GAST AN NIETZSCHE

Annaberg, 1. April 1886
Hier muß ich Ihnen den Brief mittheilen, der gestern ankam:

Verehrter Herr! Ich muß Ihnen leider Ihre Oper wieder zurücksenden, nicht ohne Ihnen zu sagen, daß ich mit Vielem in dem Werk sehr einverstanden bin, andre Dinge dagegen durchaus nicht zu vertreten im Stande wäre. Dazu gehört zunächst die Form des Ganzen. Die immer abschließenden und wieder neu beginnenden verschiedenen Tonstücke sind heute für unsre Bühnenanschauung wohl kaum mehr möglich. Ferner vermag ich mich nicht für gewisse melodische Weichheiten vielleicht besser Weichlichkeiten – wie solche z. B. das zweite Motiv der Ouvertüre, das erste Duett aus Desdur beherrschen, zu interessieren.

Auch halte ich die Fünf-Zahl der Akte für die Art der harmlosen Handlung als zu gedehnt. Alles in Allem: ich finde in
dem Werk viel Schönes und Anerkennenswertes, halte aber
das Ganze für nicht geeignet, in der jetzigen Gestalt auf die
Bühnen zu treten. Verzeihen Sie diese Offenherzigkeit
Ihrem

ergebenen

Felix Mottl.

Recht hat er!... – Mein Zimmer in Venedig ist gewiß noch
frei. Wollen Sie, verehrter Herr Professor, nicht dort wohnen?... Verleben Sie recht glückliche Tage in den Lagunen!
Vergessen Sie nicht, dann und wann in der Gondel zu fahren; von ihr aus muß Venedig gesehen werden!

In Verehrung

Ihr dankbar ergebener Schüler K.

In Venedig, fällt mir ein, soll die Cholera wieder grassiren.
Sie werden sich darüber wohl unterrichtet haben.

NIETZSCHE AN GAST

Venedig, 7. Mai 1886

Lieber Freund, ich sitze hier in Ihrem Neste, ohne Sie, den
ausgeflogenen Singvogel, irgendwie zu repräsentiren.
Denn es geht mir nicht gut, meine Augen torturiren mich
Tag und Nacht. Das Wetter ist glänzend klar und frisch,
aber – ich darf nichts sehen, und Alles thut mir weh.

In summa: ich reise nächster Tage ab, über München
nach Naumburg, um mich in einen Wald zu verstecken.
Meine Adresse also Naumburg a. d. Saale: – auch für den
Fall von Correkturbogen.

Ihre Leute hierselbst sind ausgezeichnet; es scheint mir,
daß im Winter (wo das Licht nicht so intensiv ist) sich gut
hier wohnen ließe.

Unter einem Concertprogramm las ich als Dirigenten
Edoardo Sassone, warum nicht Pietro?

GAST AN NIETZSCHE

München, 14. Aug. 1886
Türkenstr. 33/III r.
Der Parsifal hat ganz den Eindruck auf mich gemacht, den
ich von ihm erwartete. *Molto doloroso!* Und dann wieder
der Contrast der Zaubergarten-Musik, welche Fluß und
Logik hat! Oft hat man, namentlich im dritten Act, das Gefühl, als fiele die Musik auseinander, als wolle sie aus dem
Leim gehen. Die maßlose Willkürlichkeit im modulatori-
schen Bau fällt mir sehr auf. Contrapunctisch ist Alles vom
Feinsten: das allmähliche Senken und Aufsteigen der Mit-
telstimmen, die Selbständigkeit der Bässe, das Heraushe-
ben der wichtigen Motive durch die geeignetsten Instrumente, die ganze Färbung des Orchesters – Alles fesselt den
Zuhörer fortwährend.

Durch eine Stelle in Ihrem letzten Buch aufmerksam auf
den Stoff gemacht, konnte ich mich allerdings der Empfindung auch nicht erwehren, daß wir im Parsifal der Proce-
dur beiwohnen, wie ein siegfriedhafter, ungebrochener Na-
turmensch durch sehr verfängliche Mittel nach und nach
katholisch gemacht wird. Daß die Geschichte von Wagnern dogmatisch gemeint war, darüber lassen seine allerletzten Auslassungen keinen Zweifel. Da danke ich Ihnen
denn auch im Herzen, wenn Sie auf den Mangel an Ursprünglichkeit in derartigen Menschen zu einer Philosophie des Antichrist hinweisen.

NIETZSCHE AN GAST

Sils-Maria, 13. September 1886
Um den ewigen Mißverständnissen in Bezug auf meinen
Bruch mit R. W. ein Ende zu machen, habe ich mich ent-

schlossen, die Hauptsache deutlich zu sagen. Es ist freilich
damit etwas gewagt. – Übrigens bin ich heil froh, auf diese
schreckliche und lebensgefährliche Wendung als auf ein
»Hinter-mir« blicken zu können. Im Handumdrehen hätte
ich daran zu Grunde gehn können; ich bin nicht grob genug dazu, um mich von Menschen trennen zu können, die
ich geliebt habe. Aber es ist geschehn: und ich lebe noch.

NIETZSCHE AN GAST

> ca. 400 Meter überm Meer,
> an der Straße, über das Joch von
> Portofino führend.
> Ruta Ligure, 10. Octob. 1886

Lieber Freund,
ein Wort aus diesem wunderlichen Welt-Winkel, wo ich
Sie selbst lieber wüßte als in München. Denken Sie sich
eine Insel des griechischen Archipelagos, mit Wald und
Berg willkürlich überworfen, welche durch einen Zufall eines Tags an das Festland herangeschwommen ist und nicht
wieder zurück kann. Es ist etwas Griechisches daran,
ohne Zweifel: andrerseits etwas Piratenhaftes, Plötzliches,
Verstecktes, Gefährliches... Ich lag nie so viel herum, in
wahrer Robinson-Insularität und – Vergessenheit;

GAST AN NIETZSCHE

> München, 13. Oct. 1886
> Türkenstraße 33/III.

Es muß ein ganz einziges Stück Erde sein, von welchem aus
ich Ihre Nachricht erhalte. Ich habe es auf Karten und Be-
schreibungen schon früher studirt, und daß ich Pläne gemacht habe, dahinzukommen, werden Sie mir glauben...

Letzte Woche war ich viermal in der Oper, nicht als ge-
wöhnlicher Besucher, – sondern als Kritiker! Kritiker der
»Süddeutschen Presse«, in welcher zuerst Wagner's Auf-

sätze über »Deutsche Kunst und deutsche Politik« erschienen! Damit kann ich mir monatlich fünfzig Mark verdienen.

München, 6. Nov. 1886
Türkenstr. 33/III.

Kritisiren und Stundengeben – nun damit bin ich auf dem Hund. Alles Weitere dürfen Sie nicht wissen.

NIETZSCHE AN GAST

Nizza (Pension de Genève), 31. Oktober l886
Sonderbar, lieber Freund, daß Sie in München sind, und daß ich wieder in Nizza bin! Die Welt ist ersichtlich mit wenig Vernunft eingerichtet, das merkt man, wenn man seinen sogenannten »Lebenslauf« studirt: es »läuft«, ja! das Leben läuft, und kommt bald hier, bald da an. Zum Beispiel, in Ihrem Falle, bei der »Süddeutschen Presse«: es ist schön, daß Sie dazu eine gute Miene machen. Im Grunde steckt in Freund Gast – auch – ein guter Schriftsteller, mindestens ein guter Berichterstatter über Gut-Erlebtes;

NIETZSCHE AN GAST

Nice (France),
rue des Ponchettes 29 au premier
(21. Januar 1887)

Neulich hörte ich zum ersten Male die Einleitung zum Parsifal (nämlich in Monte-Carlo!). Wenn ich Sie wiedersehe, will ich Ihnen genau sagen, was ich da verstand. Abgesehn übrigens von allen unzugehörigen Fragen (wozu solche Musik dienen kann oder etwa dienen soll?), sondern rein ästhetisch gefragt: hat Wagner je Etwas besser gemacht? Die allerhöchste psychologische Bewußtheit und Bestimmtheit in Bezug auf Das, was hier gesagt, ausgedrückt, mitgetheilt werden soll, die kürzeste und direkteste Form dafür, jede Nuance des Gefühls bis auf's Epigram-

matische gebracht; eine Deutlichkeit der Musik als descrip-
tiver Kunst, bei der man an einen Schild mit erhabener Arbeit denkt; und, zuletzt, ein sublimes und außerordentliches Gefühl, Erlebniß, Ereigniß der Seele im Grunde der
Musik, das Wagnern die höchste Ehre macht, eine Synthe-
sis von Zuständen, die vielen Menschen, auch »höheren
Menschen« als unvereinbar gelten werden, von richtender
Strenge, von »Höhe« im erschreckenden Sinne des Wortes,
von einem Mitwissen und Durchschauen, das eine Seele
wie mit Messern durchschneidet – und von Mitleiden mit
dem, was da geschaut und gerichtet wird. Dergleichen
giebt es bei Dante, sonst nicht. Ob je ein Maler einen so
schwermüthigen Blick der Liebe gemalt hat, als Wagner
mit den letzten Akzenten seines Vorspiels? –

GAST AN NIETZSCHE

Venedig, 2. Februar 1887
Wenn ich viel Neigung zum Christenthum hätte, würde ich
mich durch manches Andere, nicht aber durch Wagners
Parsifal dazu verführen lassen.

NIETZSCHE AN GAST

Nizza, den 13. Februar 1887
– Kennen Sie Dostoiewsky? Außer Stendhal hat Niemand
mir so viel Vergnügen und Überraschung gemacht: ein Psychologe, mit dem »ich mich verstehe«.

GAST AN NIETZSCHE

Venedig, 20. Febr. 1887
Von Dostoiewsky, der hingegen wohl ein Pole ist, kenne
ich Nichts; ja, ich höre von Ihnen diesen Namen zum ersten Mal. Da er Sie so sehr anspricht, werde ich mir ihn
merken und zu Gemüthe führen.

121

NIETZSCHE AN GAST

Montag. (Nizza, 7. März 1887)
– Ich habe es jedoch nicht einmal zu Widersachern gebracht; seit 15 Jahren ist überhaupt über keines meiner Bücher eine tiefgemeinte, gründliche, sach- und fachgemäße Recension erschienen... – Mit Dostoiewsky ist es mir gegangen wie früher mit Stendhal: die zufällige Berührung, ein Buch, das man in einem Buchladen aufschlägt, Unbekanntschaft bis auf den Namen – und der plötzlich redende Instinkt, hier einem Verwandten begegnet zu sein.

Bis jetzt weiß ich noch wenig über seine Stellung, seinen Ruf, seine Geschichte: er ist 1881 gestorben. In seiner Jugend war er schlimm daran: Krankheit, Armuth, bei vornehmer Abkunft; mit 27 Jahren zum Tode verurtheilt, auf dem Schaffot noch begnadigt, dann 4 Jahre Sibirien, in Ketten, inmitten schwerer Verbrecher. Diese Zeit war entscheidend: er entdeckte die Kraft seiner psychologischen Intuition, mehr noch, sein Herz versüßte und vertiefte sich dabei – sein Erinnerungs-Buch an diese Zeit »La maison des morts« ist eines der »menschlichsten Bücher«, die es giebt.

NIETZSCHE AN GAST

Nizza, 27. März 1887
Inzwischen habe ich mir eingebildet, daß Sie zu Ihrer Nausikaa zurückgekehrt sind: und ich habe Ihnen schon Glück und Heil dazu gewünscht, im Traume natürlich, – und mir gleichfalls: denn mein Bedürfniß nach einer goldenen gesättigten gereinigten leuchtenden Kunst ist heftig geworden wie ein Durst. –

GAST AN NIETZSCHE

Venezia, 30. März 1887

Nausikaa ist eine zu schöne Erscheinung, als daß sie ver-
diente, von mir in Musik gesetzt zu werden. Außerdem hat
Homer gewollt, daß sie ein unabgeschlossenes Kunstwerk
bleibe: das Drama mit seinem Schluß ist eine Sottise gegen
das Epos. –

Ich bin nicht mehr im Stande, Musik zu machen; auch
andere Sachen nicht. Sie beschämen mich mit Ihren Erwar-
tungen. Ich hoffe mit Ihnen auf das baldige Erscheinen eines Musikers, wie Sie ihn wünschen. –

GAST AN NIETZSCHE

Venedig, 6. April 1887

Dagegen kam, eben vorhin, auch ein Packet mit der »Geburt der Tragödie« und den zwei Bänden »Menschliches
Allzumenschliches« an, für die ich Ihnen auf's Ergebenste
danke. – Diese Vorreden gehören zum künstlerisch Vollen-
detsten und Ebenmäßigsten, was Sie je geschrieben, unge-
achtet ihr Gegenstand der Schwierigste für die Darstel-
lungskunst war. Vor Ihnen muß sich Alles verstecken, was
deutsche Literatur heißt; »Sie verderben einem den Geschmack an ihr« - so habe ich die Leser, welche ich kenne,
alle sagen hören. Die eigenthümliche Kraft Ihres Denkens,
die Vielheit Ihrer Gesichtspuncte, die Neuheit Ihrer Funde,
die Kühnheit Ihres Vordringens nach allen Richtungen ließ
Sie zugleich eine Sprache der Überlieferung finden, welche
eben so neu ist, wie das in ihr Mitgetheilte. Schon an der
»Geburt der Tragödie« frappirte diese Sprache der ungeheuersten Weitsichtigkeit, obwohl Ihnen damals die klare
Nacht lieber war, als der klare Tag.

NIETZSCHE AN GAST

Cannobio, 12. April 1887
...Ich hörte noch niemals über meine »Litteratur« so ge-
wählte und glückliche Worte. Sie empfinden, wovon meine
sonstigen Leser keine Ahnung haben, »das Ganze«, Sie sehen, daß es ein Ganzes giebt, Etwas, das wächst, zugleich,
wie es mir scheint, in die Erde hinein (hinab!) und hinaus in
den blauen Himmel...

NIETZSCHE AN GAST

(Cannobio, 19. April 1887) Villa Badia, Dienstag
Ich würde Viel darum geben, mit Ihnen einige aesthetica zu
reden, Principielles, wozu mich Ihre eigne Musik immer
wieder treibt. (»Wir« entbehren eigentlich aller musikalischen Ästhetik und wissen unsre Werthe, wie wir sie stark
genug empfinden, nicht recht mehr zu begründen: bei mir
ein wahrer Nothstand!) Die ganze Stellung der Kunst ist
mir zum Problem geworden: und, psychologisch geredet,
was gieng eigentlich in Ihnen vor, als Sie den Muth zu Ihrem jetzigen Geschmack gewannen? und was in mir, als ich
mich Wagnern entfremdete (und vor W. schon der Schu-
mann'schen Musik)... Ihren Aufsatz habe ich mit ungeheu-
rem Vergnügen gelesen: er ist, wenn mir das zu sagen erlaubt ist, in einem Stile geschrieben, der Nietzschischer
gar nicht gedacht werden kann. Es giebt so viel Geheimnisse des Rhythmus, der Satz-Cadenzen, von denen meine
Leser nichts wissen, meinen Leser ausgenommen!

GAST AN NIETZSCHE

Venedig, 11. Juni 1887
Ist Ihnen, verehrter Herr Professor bekannt, wo sich Bülow jetzt aufhält? Ich möchte in allem Ernst die Probe mit
ihm machen.

NIETZSCHE AN GAST

Sils-Maria, 13. Juni 87

Glück zu, lieber Freund! Das nehme ich als ein sehr gutes Zeichen, daß Sie wieder Muth und gute Laune zu einem neuen Wagniß haben.

NIETZSCHE AN GAST

Chur, Rosenhügel d. 8. Juni 1887

Nun scheint es mir immer noch, daß Bülow der Mann ist, der Ihre Oper aufzuführen wagen wird: er steht unabhängiger da als Mottl und Levi, ja er liebt gelegentlich eine outrance von Unabhängigkeit *ad oculos* zu demonstriren. Es wäre der Versuch zu machen, ob er es nicht in Ihrem Falle thäte. Daß Sie ehemals ein kleines Brief-Rencontre mit ihm gehabt haben, kommt einfach nicht in Betracht: Bülow hat in Hinsicht auf solche Dinge eine noblesse, auf die man bauen kann. Er hat sich zehn Mal mit Brahms überworfen (und mit wem nicht?), aber das hindert ihn nicht: umgekehrt, es spornt ihn an, einer von ihm einmal erkannten Kraft und Originalität sich zu widmen.

GAST AN NIETZSCHE

Venedig, 15. Juli 1887

Vor einigen Tagen erst erfuhr ich etwas verbürgt Gewisses über Bülow's Aufenthalt: demnach ist er von jetzt, von Mitte Juli ab in Hamburg. Aber, ich kann nicht sagen, wie gleichgültig mir's ist, ob die Musik bekannt wird oder nicht! Ja, in recht muthwilligen, unhistorischen Momenten hätte wenig gefehlt, daß ich sie verbrannte. Aber Nothenpapier soll man nicht verbrennen, sondern verkaufen; es fällt in's Gewicht und wird deshalb vom Salamimann ganz besonders geschätzt.

NIETZSCHE AN GAST

Sils-Maria, 27. Juni 1887

Aber nein, Ihre »Lust zu Bülow« muß wieder kommen, lieber Freund, Sie müssen den Würfel noch einmal werfen,...
Bülow's Charakter erlaubt Mancherlei, was den Herren Mottl und Levi nicht »freisteht«... Ich kann das Ereigniß nicht verschweigen, mit dem ich schlecht fertig werde: oder vielmehr, ich bin innewendig immer noch ganz außer mir. Heinrich von Stein ist todt: ganz plötzlich, Herzschlag. Ich habe ihn wirklich geliebt; es schien mir, daß er mir aufgespart sei für ein späteres Alter. Er gehörte zu den ganz wenigen Menschen, an dessen Dasein ich Freude hatte; auch hatte er großes Vertrauen zu mir. Er sagte noch zuletzt, in meiner Gegenwart kämen ihm Gedanken, zu denen er sonst nicht den Muth fände; ich »befreite« ihn. Und was haben wir hier oben zusammen gelacht! Er stand im Rufe, nicht zu lachen. Sein zweitägiger Besuch hier in Sils ohne Nebenabsichten von Natur und Schweiz, sondern direkt von Bayreuth hierher kommend und direkt von mir zu seinem Vater nach Halle zurückreisend – ist eine der seltsamsten und feinsten Auszeichnungen, die ich erfahren habe...

Diese Sache thut mir so weh, daß ich immer wieder nicht daran glaube. Nein,was ich mich einsam fühle!

NIETZSCHE AN GAST

Sils, 11. Sept. 87

Da fällt mir ein, daß ich voriges Jahr bei meinem Besuch Ihrer hübschen Höhle einen alten Hut von mir wiederfand, den einzigen, den ich bisher gern getragen habe (er war von Ihnen ausgewählt). Er schien mir noch restaurationsfähig (zu waschen, ev. zu färben); gesetzt, daß er noch existirt, dürfte ich Ihre Leute bitten, denselben zu einem Hutmacher zu tragen?

GAST AN NIETZSCHE

Venedig, 17. Sept. 1887

Ihren Hut – ich schäme mich's zu sagen – habe ich ganz eigenmächtig verschenkt. Die Geschichte ist zu lang, um sie hier zu erzählen. Der Krämpen-Filz hatte einen Bruch, der allerdings durch eine breitere Einfassungsborte hätte verdeckt werden können, nachdem er gefärbt worden wäre. Nun, ich erwarte Ihre mündlichen Zurechtweisungen.

NIETZSCHE AN GAST

Sils-Maria, Donnerstag, (15. September 1887)

Was Venedig betrifft, so wollen wir es bei der Verabredung lassen... Hier friere ich zu sehr, ich kann kaum schreiben... Die Wohnungsfrage, lieber Freund steht ganz bei Ihnen... Eine Chaiselongue (um mich auszustrecken) habe ich nöthig: ich bin so viel krank... Eine völlig unabhängige Diät ist für mich eine Hauptsache. (Ich habe hier den ganzen Sommer allein gegessen, und immer dasselbe.) Kein Wein, keine Schnäpse: soviel habe ich »begriffen«.

Das Bett muß mit einer Zanzariera geschützt sein (wie auch in Nizza)... Gute Leute, zu denen ich Vertrauen haben kann, sind die Hauptsache bei der Wohnungsfrage; insgleichen Reinlichkeit. Denn ich bin in Bezug auf Menschen und Sachen (sonderlich Betten) von einer unangenehmen, ja beinahe nervösen Geneigtheit zum Ekel: was das Leben mir sehr erschwert hat.

Im Übrigen liebe ich Ihre Stadt, lieber Freund, obschon sie den großen Fehler hat, daß sie stinkt. Nizza, als Stadt und »Mensch«, liebe ich nicht; aber es stinkt nicht. Complexität des »Herzens«!

GAST AN NIETZSCHE

Venedig, 25. Oct. 1887

Verehrter Herr Professor!

Haben Sie von Herzen Dank für Ihren mich so unverdient ehrenden Besuch in Venedig; Sie haben mich mit ihm erinnert, daß ich noch lebe, – was ich beinahe vergessen hatte. Durch ihn ist mir auch die Lust gekommen, wieder ein paar Sachen aufzuschreiben, und zwar, da ich sah, daß Ihnen die schlimme und von Andern nicht gemochte Musik noch nicht mißfällt... So geht es denn in diesem äußerst epikurischen Versteck weiter bis zur Wiese, wo schon Freund Hein sitzt und die Sense dengelt: ich möchte ihn, eh' er ausholt, noch zum Tanzen bringen.

NIETZSCHE AN GAST

Nizza, Donnerstag (3. November 1887)

Es scheint Alles verschworen, mir diesen Winter hier acceptabler zu machen, als die letzten Winter waren: wo ich nicht nur gelegentlich, sondern gewohnheitsmäßig aus der Haut fuhr (irgendwohinein, z. B. in das verfluchte Bücher- und Litteratur-machen). Eben habe ich mir das Zimmer angesehn, welches ich diese nächsten 6 Monate bewohnen will: es liegt präcis über meinem bisherigen, ist gestern neu tapezirt worden, meinem schlechten Geschmack entsprechend, roth-braun-gestreift und – gesprenkelt, hat sich gegenüber ein tiefgelb angestrichenes Gebäude, fern genug, daß der Reflex erquicklich ist, und darüber, zur weiteren Erquickung, den halben Himmel (– er ist blau, blau, blau!). Unten ein schöner Garten, immergrün, auf den der Blick fällt, wenn ich am Tische sitze. Der Boden des Zimmers ist mit Stroh bedeckt, darüber ein alter und über ihm ein neuer hübscher Teppich; ein großer runder Tisch, eine gutgepolsterte Chaiselongue, ein Bücherschrank, das Bett mit einer schwarz-blauen Decke verhüllt, die Thür insgleichen mit schweren braunen Vorhängen; noch ein paar Sachen mit grellrothem Tuche behängt (der Waschtisch und der Kleiderständer), kurz, ein artiges farbiges, im Ganzen warmes und dunkles Durcheinander. Ein Ofen kommt von Naumburg, von jener Art, die ich Ihnen beschrieben habe.

GAST AN NIETZSCHE

17. Febr. 1888

Dieser Tage sah ich einmal in Wagners »Oper und Drama« und war angenehm überrascht von dem fließenden, nicht selten fesselnden Stil, namentlich des ersten Theils, der von den Theatermusikern handelt. Was mir aber ganz besonders Respekt einflößte, sind die klaren Urtheile, z.B. über Gluck, Mozart, Spontini, Rossini, Weber... Den Deutschen gesteht er nur die reiche Entwicklung der Instrumentalmusik zu, – welche schließlich in Beethoven nach dem Wort verlangt und mit Wagner auf die Bühne marschiert – dieses historische Zurechtrücken seiner eigenen Figur ist ein Meisterstück in Interpretation, und, was bei Wagner auffällt, sein Vormann (Beethoven) kommt dabei noch besser weg, als bei der Abschätzung aus der Vergangenheit her. –

NIETZSCHE AN GAST

Nizza, Pension de Genève 26. Febr, 1888

Was Sie über den Stil Wagner in Ihrem Briefe sagen, erinnert mich an eine eigne irgendwo geschriebene Auslassung darüber: wie sein »dramatischer Stil« nichts weiter ist als eine Species des schlechten Stils, ja sogar des Nicht-Stils in der Musik. Aber unsre Musiker sehn darin einen Fortschritt... Eigentlich ist Alles ungesagt, ja wie ich argwöhne, fast ungedacht auf diesem Bereiche von Wahrheiten: Wagner selber, als Mensch, als Thier, als Gott und Künstler geht tausendfach über den Verstand und Un-

verstand unsrer Deutschen hinaus. Ob auch über den der
Franzosen? – Ich hatte heute das Vergnügen, mit einer Antwort Recht zu bekommen, wo schon die Frage außerordentlich hasardirt scheinen konnte: nämlich – »wer war
bisher am besten vorbereitet für Wagner? wer war am na-
turgemäßesten und innerlichsten Wagnerisch, trotz und
ohne Wagner?« - Darauf hatte ich mir seit lange gesagt: das
war jener bizarre Dreiviertels-Narr Baudelaire, der Dichter der Fleurs du Mal. Ich hatte es bedauert, daß dieser
grundverwandte Geist Wagnern nicht bei Lebzeiten entdeckt habe; ich habe mir die Stellen seiner Gedichte ange-
strichen, in denen eine Art Wagner'sche Sensibilität ist,
welche sonst in der Poesie keine Form gefunden hat...
(Aus einem Briefe Baudelaire's: »Ich wage nicht mehr von
Wagner zu reden: man hat sich zu sehr über mich lustig gemacht. Diese Musik ist eine der ganz großen Freuden meines Daseins...)

GAST AN NIETZSCHE

8. März 1888
Schon mehrere Male setzte ich an, um Ihnen für Ihren gütigen Brief von vorletztem Sonntag zu danken, der mich wieder hoch erfreute. Von Baudelaire kannte ich nur den Titel
»*Fleurs du Mal*«, sonst Nichts. Nach Ihren Mitteilungen
vermag ich mir jetzt seinen Charakter zu denken. Wagner's
Brief ist nach der Tannhäuser-Katastrophe geschrieben,
nach welcher eine solche Theilnahme, wie die B.'s, um so
wohler thun mußte.

Wagner hatte vor allen diesen Romantikern das Feuer
und die Wucht voraus. Der Tristan z. B. würde unter den
Händen jedes Andern eine unerträgliche *pièce larmoyante*
geworden sein. Bei W. bekommen Tristans bange, schauer-
liche, einem erschlafften Nervensystem entstammende Gedanken eine so zähe Muskulatur durch die Musik, daß sie
selbst für den Kerngesunden, der das Weinerliche und alle

Nacht-Sentimentalität haßt, veführerisch werden. Ich glaube darum gern, daß Menschen der älteren aufgeriebenen Völker, wenn ihnen die Spottlust fehlt, gar leicht einer solchen Kunst zum Opfer fallen.

NIETZSCHE AN GAST

Turin, Freitag (20. April 1888)
Turin, lieber Freund, ist eine capitale Entdeckung. Ich sage Einiges darüber, mit dem Hintergedanken, daß unter Umständen auch Sie davon Nutzen ziehn könnten. Ich bin guter Laune, in Arbeit von früh bis Abend – ein kleines Pamphlet über Musik beschäftigt meine Finger –, verdaue wie ein Halbgott, schlafe, trotzdem daß die Carossen Nachts vorüberrasseln: alles Zeichen einer eminenten Adaption von Nietzsche an Torino. Das thut die Luft: – trocken, anregend, lustig... Im Adreßbuch sind 21 Komponisten verzeichnet, 12 Theater, eine Accademia filarmonica, ein Lyceum für Musik und eine Unzahl von Lehrern aller Instrumente. Moral: beinahe ein Musik-Ort! – Die weiträumigen hohen Portici sind ein Stolz: ihre Ausdehnung beträgt 10020 Meter, d.h. zwei gute Stunden zum Marschiren. Dreisprachige große Buchhandlungen. Dergleichen habe ich noch nirgends getroffen.

GAST AN NIETZSCHE

Venedig, 23. April 1888
Höchlich erfreute mich auch Ihr Gefallen an Turin. Vielleicht ist es die einzige Stadt Italiens, in welcher der Gedanke eines geeinigten Vaterlandes bis zur That durchgeführt werden konnte - aus klimatischen Ursachen. An Turin als Aufenthalt für mich habe ich schon öfter gedacht, man sagte mir nur immer, es sei dort theuer zu leben. Ich bin schlimm daran, ich würde, wenn ich hier nicht daheim äße, nicht mehr in Venedig sein können, so eingeengt ist

meine Lage. Im Juni gehe ich wahrscheinlich fort von hier; am Ende gar nach Haus, um ein paar Monate später nach Berlin zu sehen.

NIETZSCHE AN GAST

Turin, 1. Mai 1888

Es muß etwas wie Coordination des Geschmacks geben: hier, wo meine Augen und Nerven sich wohlfühlen, scheinen mir auch die Speisen nach dem Schema meines Personalgeschmacks ausgedacht. Und sogar das Wasser! Überall fließt es; ich gehe immer mit einem Gläschen.

GAST AN NIETZSCHE

11. Juni 1888

In München suche ich vielleicht den Collegen Levi's; Richard Strauß auf, dem ich, wenn ich mich nicht täusche, weniger gleichgültig war als Levi, der mir zu viele Lehren gab... Daheim will ich mich sofort mit einigen Geigern in's Einvernehmen setzen und mir das Quartett vorspielen lassen, um es nach allen Richtungen hin noch auszuforschen und endgültig zu machen. Dieses Stück gehört ganz besonders Ihnen; sollte es zu meinen Lebzeiten gedruckt werden, so erlauben Sie mir vielleicht, es Ihnen zu widmen, damit deutlich werde, in welche Gesellschaft es – wenn schon nicht gehört – so doch gehören möchte.

NIETZSCHE AN GAST

Sils-Maria, 20. Juni 1888

Lieber Freund,

Ihr »Liebesduett« kam wie ein Blitz hinein in meine Trübsal. Ich war mit Einem Schlage genesen; ich bekenne, selbst geweint zu haben vor Vergnügen. Welche Erinnerungen giebt mir diese himmlische Musik! Und doch schien ich sie jetzt erst, wo ich sie sechs Mal hintereinander gelesen habe, völlig zu verstehen, – sie scheint mir auch im höchsten Grade »singebar«. Es ist ein hohes schwärmerisches Gefühl darin, das Stendhal entzückt haben würde: ich las gerade gestern noch in seinem reichsten Buche »Rome, Naples et Florence« und dachte fortwährend dabei an Sie!...

NIETZSCHE AN GAST

Sils-Maria, d. 17. Juli 1888

Lieber Freund, Erinnern, Sie sich, daß ich in Turin ein kleines Pamphlet geschrieben habe? Wir drucken es jetzt; und Sie sind auf das Inständigste ersucht, dabei mitzuhelfen. Naumann hat bereits Ihre Adresse.

Der Titel ist:

Der Fall Wagner.

Ein Musikanten-Problem.

Von

Friedrich Nietzsche.

GAST AN NIETZSCHE

Annaberg, 15. August 1888.

Nur Ihrem Ohr, denke ich, und Ihrer Überschätzung meines Werths klingt meine zurückgebliebene Musik so angenehm.

»Was ihr niemals überschätzt,

Habt ihr nie begriffen!«

sagt, ich weiß nicht gleich wer. Sie, verehrter Herr Professor, haben leicht überschätzen, da Sie von Ihrem Reichthum hineinthun, – aber die Anderen? selbst Bülow – sie sehen alle diese Musik zu tief unter sich. Doch, wenn es auch mir nicht mehr gegeben ist, irgendwelche Hoffnung zu hegen, so darf ich sie doch Ihnen, um Ihrer gütigen Verwendung willen, nicht nehmen;

NIETZSCHE AN GAST

Sils, Mittwoch den 12. Sept. 1888
Es giebt noch etwas Curioses zu melden. Ich habe vor
wenigen Tagen Herrn C. G. Naumann wieder ein Manuscript zugesandt, das den Titel führt »Müßiggang eines
Psychologen«. Unter diesem harmlosen Titel verbirgt
sich eine sehr kühn und präcis hingeworfne Zusammenfas-
sung meiner wesentlichsten philosophischen Hetero-
doxien.

GAST AN NIETZSCHE

Buchwald (Hinterpommern), 20. Sept. 1888
Der Titel »Müßiggang eines Psychologen« klingt mir,
wenn ich mir vergegenwärtige, wie er auf Nebenmenschen
wirken könne, zu anspruchslos: Sie haben Ihre Artillerie
auf die höchsten Berge gefahren, haben Geschütze wie es
noch keine gegeben, und brauchen nur blind zu schießen,
um die Umgegend in Schrecken zu versetzen. Eines Riesen
Gang, bei dem die Berge in den Urgründen erzittern, ist
schon kein Müßiggang mehr. In unsrer Zeit kommt außerdem der Müßiggang gewöhnlich erst nach der Arbeit und
das Mü kommt auch in Müdigkeit vor. Ach, ich bitte,
wenn ein unfähiger Mensch bitten darf: einen prangende-
ren glanzvolleren Titel!

GAST AN NIETZSCHE

Berlin, 8. Okt. 1888
Berlin ist ein gebautes Laster, mit ein paar Ausnahme-
stellen. Was nur italienische, französische und deutsche
Renaissance im Architektonischen ausgedacht haben, das
findet man hier verwerthet. Woher die Geldmittel zu diesen colossalen Prachtbauten, verstehe ich nicht. Und dieser
Luxus, diese schönen herumwandelnden Anzüge, diese

funkelnden Läden, dieses elektrische Lichtmeer, in welchem Nachts die ganze Friedrichstadt schwimmt, diese Comodität menschlicher Transportmittel, diese witzige Zudringlichkeit schöner Klingsorstöchter, dieser musterhafte Zustand der Straßen!... Diese großen Städte sind Nichts als brillante Zugrunderichtungsherde für begabtere Menschen; alle fünf Sinne bekommen fortwährend zu massige Eindrücke. Ich denke gern über die Mauern Berlin's hinaus, z.B. nach Turin, wo ich Sie so frisch in Ihrer Thätigkeit weiß. Möchte es Ihnen dort immer wohlergehen, »zum Wohle des Universums« sage ich mit Victor Hugo.

In Verehrung und Dankbarkeit
Ihr ergebener K.

NIETZSCHE AN GAST

Turin, Dienstag d. 30. Okt. 88
Lieber Freund,

ich sah mich eben im Spiegel an, – ich habe nie so ausgesehn. Exemplarisch gut gelaunt, wohlgenährt und zehn Jahre jünger als es erlaubt wäre. Zualledem bin ich, seitdem ich Turin zur Heimat gewählt habe, sehr verändert in den Honneurs, die ich mir selber erweise, – erfreue mich z.B. eines ausgezeichneten Schneiders und lege Werth darauf, überall als distinguirter Fremder empfunden zu werden...

NIETZSCHE AN GAST

Torino, via Carlo Alberto 6 III
(13. November 1888)
Herr Carl Spitteler hat sein Entzücken über den »Fall Wagner« im Berner »Bund« ausgesprudelt: er hat erstaunlich zutreffende Worte, – er gratulirte mir auch brieflich dazu, daß ich bis an's Ende gegangen sei: er scheint die Gesammtbezeichnung unserer modernen Musik als déca-

dence-Musik für eine culturhistorische Feststellung ersten Ranges zu halten.

GAST AN NIETZSCHE

Berlin, 16. Nov. 1888
Lindenstr. 116/IV

Mit wahrem Jubel nahm ich Ihre Nachricht von dem Fertig-werden des »*Ecce homo*« auf. Mein Erstaunen über Ihre Meisterschaft in der Darstellung, die Ihnen erlaubt, in der kürzesten Zeit die schwierigsten Dinge zur Vollendung zu bringen, ist unbeschreiblich; gerade ich, der immer mehr die leichtesten Dinge mit der größten Schwierigkeit über-windet, habe Ursache zu dieser Bewunderung... Heut gilt nur als erlaubt, was Jedem erlaubt ist... und Sie thun lau-ter Dinge, die Niemandem außer Ihnen erlaubt sind. Das ist unerhört, – das muß bestraft werden! Dieser Tage las ich eine solche Bestrafung... im »Musikalischen Wochen-blatt«... Hätte ich Geld zur Reise, so wäre ich längst aus Berlin hinaus. Ich bin hier genau so umsonst wie in Zürich, Wien, München... Manchmal bin ich nahe daran, vor Un-geduld verrückt zu werden. Ich weiß jetzt nur, daß ich mit meiner Musik Nichts anfangen kann und daß ich irgend et-was ganz Triviales machen muß, um – Geld zu verdie-nen!... Operetten sind der einzige aufrichtig begehrte Arti-kel auf unseren Bühnen, und, wenn sie einschlagen, werfen sie viel ab... Die andern Sachen, die ich noch vorhabe, möchte ich gern als Mensch thun, der, finanziell wenig-stens, auf eignen Füßen steht. *Ma basta, basta!* –

NIETZSCHE AN GAST

Turin, den 18. Nov. 1888

Eine ganz andere Frage bewegt mich tief – die Operetten-Frage, die Ihr Brief berührt. Wir haben uns nicht wiederge-sehn, seit ich über diese Frage aufgeklärt bin – oh so aufge-

klärt! Solange Sie mit dem Begriff »Operette« irgendeine
Condescendenz, irgendeinen Vulgarismus des Geschmacks mitverstehn, sind Sie – verzeihen Sie den starken Ausdruck! – nur ein Deutscher... Fragen Sie doch,
wie Monsieur Audran die Operette definirt: »das Paradies
aller delikaten und raffinirten Dinge«, die sublimen Süßig-
keiten eingerechnet...

NIETZSCHE AN GAST

Turin, Montag d. 26. Nov. 1888
Ich bin mitunter vollkommen außer mir, kein aufrichtiges
und unbedingtes Wort zu irgend Jemand sagen zu können –
ich habe gar Niemanden dazu außer Herrn Peter Gast...
Auch, finden Sie in meiner im Grunde heiteren und boshaf-
ten »Aktualität« vielleicht mehr Inspiration zur »Operette« als sonstwo: ich mache so viele dumme Possen mit
mir selber und habe solche Privat-Hanswursteinfälle, daß
ich mitunter eine halbe Stunde auf offner Straße grinse,
ich weiß kein andres Wort... Ich denke, mit einem solchen
Zustand ist man reif zum »Welt-Erlöser«?...
Kommen Sie...

Ihr Freund N.

GAST AN NIETZSCHE

Berlin, 27. Nov. 1888
Lindenstr. 116/IV
Ich werde mich von meiner üblichen Musikempfindung
also nicht nach unten entfernen, aber mich einer noch größeren Einfachheit befleißigen. Diese ist für mich, der ich einen großen Hang zum Complicirten habe, das Schwerste.
Ihre Einladung nach Turin ist so verlockend, daß ich
gern gleich auf und davon über die Alpen fahren könnte...
Margarethe von Krause, die einen Grafen S. heirathen soll,
den sie nicht mag, verlangte gestern von mir, daß ich mit

ihr ausreiße! Was Alles hat man von mir nicht schon verlangt! Brenner wollte in der Zeit seiner Auflösung sogar, daß ich ihn erschieße! – Ich werde aber nicht in Begleitung von Frauenzimmerchen ausreißen; ich sagte ihr nur, Sie wisse, ich wohne am Mésallianceplatz, einem für sie verbotenen Platz. –

GAST AN NIETZSCHE

Berlin S.W., 7. Dec. 1888
Lindenstr. 116/IV
De Ahna, den ich besuchte, während Margarethe Stunde bei ihm hatte, war sehr liebenswürdig. Wie anders gestaltet sich gleich eine Bekanntschaft, wenn ein weiblicher Schalk sie einleitet!

GAST AN NIETZSCHE

Annaberg (Erzgeb.), 29. Dec. 1888
Der Text zum zweiten Act des Tristan ist und bleibt, bei allen Vorwürfen, eine ungeheure Leistung,... Über Wagner zu scherzen kann mir einstweilen nur privatissime erlaubt sein. Ich müßte wenigstens ein Hauptwerk fertig haben, welches von der Bühne herab sich bewiese. Daneben ließe sich Manches auch aussprechen.

NIETZSCHE AN GAST

Turin, den 31. December 1888
Sie werden in Ecce homo eine ungeheure Seite über den Tristan finden, überhaupt über ein Verhältniß zu Wagner. Wagner ist durchaus der erste Name, der in E. h. vorkommt. – Dort, wo ich über Nichts Zweifel lasse, habe ich auch hierüber den Muth zum Äußersten gehabt.
    – Ah, Freund! welcher Augenblick! – Als Ihre Karte kam, was that ich da... Es war der berühmte Rubicon... –

Meine Adresse weiß ich nicht mehr: nehmen wir an, daß
sie zunächst der Palazzo del Quirinale sein dürfte.

N.

Als ich am 8. Januar 1889 das (folgende) Blatt auf dem Um-
weg über meine Heimat (Sachsen) in Berlin erhielt, galt es
mir dem Inhalt wie der Schrift nach nur als ein Ausfluß jenes göttlich produktiven Übermuths, in dem ich Nietzsche
in Turin wußte. Anders aber müssen die ähnlichen Schriftstücke an Jacob Burckhardt, Overbeck und Andreas Heus-
ler gelautet haben, da Overbeck an jenem 8. Januar, bereits
nach Turin unterwegs war, um den großen Dulder und Pro-
methiden Nietzsche über die Alpen zurück deutschen Ärz-
ten zuzuführen. – P. G.

NIETZSCHE AN GAST

[(Poststempel) Torino, Ferrovia, 4. 1. 89. – 4 Morgens]
Meinem maëstro Pietro.

Singe mir ein neues Lied: die Welt ist verklärt
und alle Himmel freuen sich.

Der Gekreuzigte.

WIELAND SCHMIED

Im Namen des Dionysos

Friedrich Nietzsche
und die Bildende Kunst

I. Einleitung

Nietzsche kein Augenmensch
Seine Bilder – gedankliche Metaphern
Die Art seines Einflusses auf Künstler

Der Titel meines Vortrages lautet: Friedrich Nietzsche
und die Bildende Kunst, und da muß ich gleich mit
einem Geständnis beginnen: ein solcher Vortrag ist nicht
möglich. Wie hinter fast allen Koppelungen Friedrich
Nietzsche und... Sie können jetzt einsetzen: die Philosophie, die Religion, die Musik, die Dichtung, aber auch die
Krankheit oder die Politik und mit den »Unds« noch eine
Weile fortfahren, so verbirgt sich auch hinter dem Titel
Friedrich Nietzsche und die Bildende Kunst die Seminarar-
beit vieler Semester, und wenn Sie es wirklich ernst nehmen, ein lebenslanges Studium. Ich muß also mit einer Ent-
schuldigung beginnen und Ihnen zu Anfang sagen, wor-
über ich alles nicht sprechen werde, wenn ich über Friedrich Nietzsche und die Bildende Kunst spreche. Ich werde
nicht sprechen über das Kunstverständnis und den Kunstbegriff Friedrich Nietzsches. Das ist ein wichtiges Thema
und wert, ausführlicher als in einem einzigen Vortrag be-
handelt zu werden, denn wie so vieles andere auch im
Werk Friedrich Nietzsches ist sein Kunstbegriff nicht ohne
weiteres zu fassen und im Lauf seines Lebens vielen Wand-
lungen unterworfen gewesen. In all seinen Metamorpho-
sen aber hat er für ihn immer die größte Rolle gespielt und

war für ihn so etwas wie ein Leitgestirn. Darüber sind Bücher geschrieben worden, und gerade in jüngster Zeit einige besonders anregende, und ich werde nicht umhin können, mit der einen oder anderen Anmerkung in die Diskussion um Nietzsches Kunstbegriff wenn nicht einzutreten, so doch sie zu apostrophieren.

Eine einzige Anmerkung muß voranstehen: Nietzsche war kein Augenmensch. Das hängt keinesfalls mit seiner Kurzsichtigkeit zusammen, wie kluge Professoren meinten – wieviele Fälle kennen wir aus der Geschichte, wo das physische Handicap eine Veranlagung nicht aufhalten konnte, sondern zu breiter Entfaltung stimulierte. Das hängt viel eher mit jener Grundkonstellation zusammen, die im Titel des ersten von Nietzsche veröffentlichten Buches anklingt: nicht nur die Tragödie entsprang bei ihm dem Geiste der Musik, es war das musikalische Ingenium, dem sich der sprudelnde Quell seiner Gedanken verdankt.

Wenn Nietzsche selbst später sein Buch von der Geburt der Tragödie bilderwütig und bilderwirrig nannte, wenn wir uns nicht ohne Grund gewöhnt haben, Nietzsches Sprache – nicht nur im ›Zarathustra‹, aber dort besonders – bildkräftig zu nennen, so gilt es, solche Bezeichnungen wie »bilderwütig« oder »bildkräftig« zu spezifizieren. Was ist damit gemeint? Nietzsches »Bilder« sind ihrem Wesen nach Gleichnisse oder Metaphern. Ihr Ursprung ist gedanklicher Natur, nicht die sinnliche Erfahrung. Nicht der äußere Eindruck eines Bildwerks stimulierte ihn, sondern die innere Vision, das, was er gleichsam mit geschlossenen Augen in seiner Vorstellung vor sich sah. Und wenn er von einem äußeren Eindruck angerührt wurde, dann war es viel eher der, den eine Landschaft – wie die des oberen Engadin – oder eine Stadt – wie Turin, die große Entdeckung seines letzten wachen Lebensjahres – auf ihn gemacht haben, als der von Werken der bildenden Kunst. Darum widerspreche ich auch Mazzino Montinari, dem bedeutenden Philologen, dem wir, gemeinsam mit Giorgio Colli, die gültige

Ausgabe der Schriften Nietzsches verdanken, wenn er in einem Diskussionsbeitrag einmal gesagt hat, es wäre näher zu untersuchen, was Nietzsche eigentlich von der Malerei gehalten hat, welche Maler ihn interessiert haben, welcher Geschmack in seiner Umgebung herrschte, in der, wie wir wissen, ›Die Geburt der Tragödie‹ mit den Kolossalgemälden Hans Makarts verglichen wurde. Als historische Fußnote ist dergleichen gewiß wichtig, da gebe ich Montinari recht, aber im Ganzen ist es ohne jede Bedeutung. Nietzsche war ebenso wenig geschmackssicherer Kunstkritiker wie er verläßlicher Musikkritiker war. Er hatte die höchste Vorstellung von dem, was Musik sein konnte – und er fand Gefallen an den mediokren Kompositionen seines Freundes Gast-Köselitz. Überspitzt ließe sich sagen: Friedrich Nietzsches Begriff der Kunst gab ihr den höchsten denkbaren Rang und die von keinem anderen Phänomen übertroffene Bedeutung für das Leben. Aber das einzelne konkrete Kunstwerk bedeutete ihm wenig. Er selbst hat das übrigens genau gewußt. In einem Aphorismus der ›Fröhlichen Wissenschaft‹ klingt es an: »Was liegt an aller unserer Kunst der Kunstwerke, wenn jene höhere Kunst, die Kunst der Feste, uns abhanden kommt!« Dennoch tauchen gelegentlich einige Namen großer Künstler bei Nietzsche auf, Leonardo, Michelangelo, Raffael, Rembrandt, Rubens, aber immer scheint die Figur, in der – unabhängig von allen historischen Bedingungen – sich das Prinzip des Schöpferischen wie in einem Prisma verdichtete, ihn mehr zu beschäftigen, als die Anschauung individueller Werke.

Eine einzige Ausnahme meine ich zu bemerken – Claude Lorrain. Mit zwei Landschaften von Claude Lorrain aus den Jahren 1668 und 1674 wollen wir unsere kleine Folge von Bildern beginnen: »*Verstoßung der Hagar*« (Abb. 1) und »*Seehafen bei aufgehender Sonne*« (Abb. 2).

Über Claude Lorrain sagt Nietzsche in ›Ecce homo‹, die herbstliche Hochstimmung resümierend, die ihn bei der

Abb. 1: Claude Lorrain (1600–1682)
Die Verstoßung der Hagar (Alte Pinakothek München)

Rückkehr nach Turin Ende September 1888 befallen hatte
»... Großer Sieg; siebenter Tag; Müßiggang eines Gottes
am Po entlang... Ich habe nie einen solchen Herbst erlebt,
auch nie etwas von der Art auf Erden für möglich gehalten,
– ein Claude Lorrain ins Unendliche gedacht, jeder Tag
von gleicher unbändiger Vollkommenheit.«

Claude Lorrain, den Schöpfer der unendlichen Landschaft, noch einmal ins Unendliche denken, seine Unendlichkeit also gleichsam noch einmal mit sich selbst zu multi-
plizieren und dieses schlechthin Unmögliche noch als »un-
bändige Vollkommenheit« zu erleben – hier liegt, so meine
ich, ein wirkliches Augenerlebnis der Empfindung zu
Grunde, eine Parallele der eigenen, ins Unendliche ge-
stimmten Verfassung in der Welt der Bilder gefunden zu
haben.

Nietzsches Begriff der Kunst, Nietzsches Verhältnis zu
bildenden Künstlern vergangener Epochen wie seiner eige-

Abb. 2: Claude Lorrain (1600–1682)
Seehafen bei aufgehender Sonne (Alte Pinakothek München)

nen Zeit – das sind zwei der denkbaren Vorträge, die ich
nicht halten werde. Ebensowenig wie ich vor Ihnen eine
Materialsammlung ausbreiten will, die all die vielfachen
Nietzsche-Illustrationen auflistet, wieviel sich an ihnen
auch über den Wandel der Nietzsche-Rezeption ablesen
läßt. Noch auch möchte ich den Zettelkasten vor Ihnen aus-
schütten, in dem all die Künstler mit Bildbeispielen verzeichnet sind, die im Laufe eines Jahrhunderts bis in die
jüngste Zeit hinein sich an dem von so gewaltsamen und
immer auch dunklen Kräften gezeichneten Gesicht versucht haben, einem der ungeheuersten Menschengesichter,
das wie je gesehen haben. Und wieder mache ich eine Ausnahme und zeige zwei aquarellierte Porträts von *Horst
Janssen* – in seinen Nietzscheköpfen, die *1983* bzw. *1988*
entstanden sind, lebt, so meine ich, wenigstens eine
Ahnung von dieser Ungeheuerlichkeit Nietzsche – rechts
haben wir den Denker des Zarathustra, der sagt: »Weg-

sehen sei meine einzige Verneinung« (Abb. 3) – Zarathustra spricht auch vom »Vorübergehen« –, darunter erscheint Nietzsche als der erloschene Vulkan, auf seinem
Krankenlager wie von erstarrter Lava niedergehalten
(Abb. 4). Es ist ein Nietzsche in Hamletpose, der in seiner
Hand eine Bischofsmütze wie einen Totenkopf balanciert,
und wir könnten meinen, er sinniere über Vergänglichkeit
und Wiederkunft, ginge der Blick seiner Augen nicht offenbar ins Leere.

Wenn wir auch im Verlauf unseres Nachdenkens über
das Thema »Friedrich Nietzsche und die Bildende Kunst«
das eine oder andere Nietzsche-Bildnis zitieren werden, so
darf sich unsere Themenstellung doch so wenig in einer
Galerie von Nietzsche-Porträts erschöpfen wie in einem
Bericht über die vielen geplanten Nietzsche-Denkmäler,
-foren und -Gedächtnisstätten oder die in Ausstellungen
versammelten Zeugnisse der Nietzsche-Verehrung oder
auch Nietzsche-Verspottung. Das alles gehört nur am
Rande zu unserem Thema. Uns soll es hier um Nietzsches
Wirkung auf die Bildende Kunst seiner Zeit wie auf die unseres Jahrhunderts gehen, um die Frage, welche Spuren
sein Denken hier hinterlassen hat und wie diese Spuren aussehen, wie der Einfluß beschaffen war, dem wir in einzelnen künstlerischen Strömungen wie im Werk bestimmter
Künstler begegnen. Ein solcher Einfluß ist nicht immer
leicht zu fassen, und Montinari hat ganz recht, wenn er
sagt, er sei keinesfalls allein durch die nachgewiesene Nietzsche-Lektüre eines Künstlers zu begründen – so wenig wie
wir andererseits einem Professor zustimmen wollen, der
einmal erklärte, er könne den Nietzsche-Bezug eines bildnerischen Werkes nur dann anerkennen, wenn er vom Künstler ausdrücklich im Titel seiner Arbeit angegeben sei. Das
alles verhält sich sehr viel diffiziler. Ein solcher Einfluß
kann Einzelheiten betreffen und sozusagen punktuell in Erscheinung treten. Er kann aber auch das ganze Wesen eines
Künstlers ergreifen und die schöpferische Persönlichkeit

Abb. 3: Horst Janssen
Friedrich Nietzsche
(1982/83)

Abb. 4: Horst Janssen
Denn man fürchtet
den hohlen Wider-
klang = die Kritik der
Nymphe Echo (Fried-
rich Nietzsche auf dem
Krankenlager) (1988)

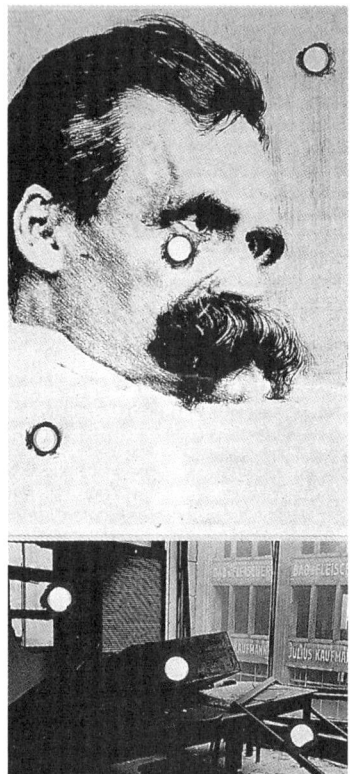

Abb. 5: Joseph Beuys
Sonnenfinsternis und
Corona (1978)

von Grund auf formen, wie er die Eigenart einer künstlerischen Strömung in all ihren entscheidenden Antrieben und Zielen prägen kann.

Es ist oft gesagt und wiederholt worden: um die Jahrhundertwende »lag Nietzsche in der Luft«, und manche Künstler zeigten sich von ihm berührt, die vielleicht nur ein sehr vages Bild von seiner Philosophie besaßen – und trotzdem werden wir in ihrem Werk hie und da einem Zeugnis begegnen, das sich ohne Nietzsche nicht denken läßt. Vielleicht ebenso häufig finden wir zumindestens in den ersten Jahrzehnten unseres Jahrhunderts – und nicht unbedingt nur im deutschen Sprachraum – die intensive Auseinandersetzung mit den Gedanken Nietzsches. Sie, und die Art und Weise, in der sie bildnerisch in Erscheinung tritt, soll unser Thema sein, dem wir uns nun zuwenden wollen.

II. Die Weite des Einflusses von Nietzsche

Joseph Beuys
Künstler zwischen Schopenhauer und Nietzsche

Kein anderer philosophischer Geist hat an der Wende zum 20. Jahrhundert – und durch weite Strecken dieses Jahrhunderts – auf die Bildende Kunst größeren Einfluß geübt und nachhaltiger gewirkt als Friedrich Nietzsche. Die beginnende Moderne steht auch dort, wo sich Widerspruch gegen ihn artikuliert, in seinem Zeichen. Allenfalls sind ihm Sigmund Freud, dessen ›Traumdeutung‹ das Datum 1900, also das von Nietzsches Todesjahr, trägt und die Kompilatoren einer neuen, die Grenzen der Konfessionen überschreitenden spekulativen Religiosität, die Protagonisten von Theosophie und Anthroposophie wie Helena Blavatsky und Rudolf Steiner an die Seite zu stellen, wobei Steiner ganz im Schatten Nietzsches begann: 1895 veröffentlichte er seine Schrift: ›Friedrich Nietzsche, ein Kämpfer gegen seine Zeit‹, 1896/97 arbeitete er im Nietzsche-Archiv in Weimar und Elisabeth Förster-Nietzsche war von seinem Engagement so begeistert, daß sie ihm sogar die Mitherausgeberschaft an der vorbereiteten Gesamtausgabe von Nietzsches Werken antrug. Steiner lehnte allerdings ab, eine weise Entscheidung, wenn man die Bedingungen der Edition unter dem selbstherrlichen Regiment von Nietzsches Schwester bedenkt.

Nicht nur über Rudolf Steiner, der ihm zeitlebens eine Leitfigur geblieben ist, hat einer der bedeutendsten Künstler unserer Tage, Joseph Beuys, zu Nietzsche gefunden. Schon als gerade 21jähriger Soldat der deutschen Luftwaffe hat er im Frühjahr 1942 das Nietzsche-Archiv in Weimar besucht. Ein später aquarelliertes Blatt mit Notizen ist das Ergebnis des Besuches. Da lesen wir: »Der Mensch kann, was er will durch sein Genie und seinen fanatischen Willen... Apoll und Dionysos...« Die Welt Nietzsches hat Joseph Beuys weiterhin begleitet. Das beweist nicht nur eine Zeichnung aus dem Jahre 1954, in deren zarten Liniengespinst eine ausdrücklich »*Zarathustra*« genannte Lichtgestalt ihre Arme zu einem seltsam deformierten Gestirn hin ausstreckt, sondern auch eine Arbeit wie die Collage »*Sonnenfinsternis und Corona*« von *1978* (Abb. 5). Zwei Fotos sind übereinander angeordnet, und mit einem Papierlocher sind jeweils drei Löcher diagonal in die Fotos gestanzt und ihre Ränder mit brauner Farbe überstrichen. Als wollte man die Fotos entwerten oder umgekehrt, sie abheften um sie aufzubewahren. Das obere Foto ist eine seitenverkehrt abgezogene Reproduktion von Hans Oldes berühmter Radierung, die 1899, also ein Jahr vor Nietzsches Tod, entstanden ist. Der Titel »Sonnenfinsternis« spielt auf den kranken Nietzsche an, dessen Bewußtsein verdunkelt ist und der aus erloschenen Augen an uns vorbeiblickt, er kann sich aber auch auf die von Nietzsche vorhergesagte Heraufkunft des europäischen Nihilismus beziehen. Der Zusatz »Corona« dagegen verweist darauf, mit welchem Glanz, mit welchem Leuchten diese Verfinsterung bei Nietzsche verbunden ist, wieviel Faszination noch vom kranken Nietzsche ausgeht, Sonnenfinsternis und Corona sind einander Bedingung. Erst die Sonnenfinsternis läßt den Strahlenkranz der Protuberanzen sichtbar werden.

Aber da ist noch das andere, untere Foto. Wir dürfen es bei unserer Deutung der Collage nicht übersehen. Es zeigt uns ein zerstörtes Büro, einen Innenraum mit vielfachen Spuren der Verwüstung: ein Aktenschrank ist aus seiner Verankerung gerissen und umgestürzt, der Fußboden und

Abb. 6: Johannes Grützke
Böcklin, Bachofen, Burckhardt und Nietzsche auf der
mittleren Rheinbrücke, Basel (1970)

die Tischplatte sind voller Glassplitter, auch die Fenster der
gegenüberliegenden Hausfassade sind offenbar ebenfalls
eingeschlagen. Die jüdisch klingenden Firmennamen auf
der Hauswand gegenüber geben uns den Schlüssel zu der
Katastrophe, die hier dokumentiert ist: es ist das Progrom
vom 9. November 1938, der sogenannten »Reichskristallnacht«, jener Nacht, die tatsächlich eine Verfinsterung aller humanen Traditionen Europas bedeutet hat. Die
»Reichskristallnacht« – eine Konsequenz aus Nietzsches
Denken? Die Frage ist immer wieder gestellt worden, und
wir dürfen sich nicht vorschnell abtun. Das Blatt von
Beuys hält sie schmerzhaft offen, wie eine Wunde, die nicht
verheilt.

Auf einer anderen Ebene ist das Bild des Johannes
Grützke angesiedelt, das uns die drei Professoren Jakob
Burckhardt, Johann Jakob Bachofen und Friedrich Nietz-
sche zusammen mit Arnold Böcklin auf einer Basler Rhein-

brücke zeigt (Abb.6). Die vier Herren betreiben miteinander offenbar ›Fröhliche Wissenschaft‹ und amüsieren sich dabei köstlich. Der reale Nietzsche wäre sicherlich glücklich gewesen, hätte es in seinem Leben viele solch unbeschwerter Augenblicke »jenseits von Gut und Böse« gegeben, von denen Grützke hier augenzwinkernd einen imaginiert hat.

Die Wirkung der Gedanken Nietzsches war weitreichend und ging in die Tiefe. Eine Einschränkung muß freilich gemacht werden. Die meisten Künstler, die sich von Nietzsche betroffen zeigten – vor allem die im deutschen Sprachraum beheimateten –, waren zugleich auch von der Philosophie Arthur Schopenhauers beeindruckt, und fast alle mischten ihrem von Nietzsche stimulierten Lebensgefühl einen guten Schuß Schopenhauer'chen Pessimismus bei. Immer wieder erscheint das von Nietzsche emphatisch verkündete grenzenlose Ja-und-Amen-Sagen verdunkelt durch die beständige Reflektion des Todes, die sich nicht verdrängen läßt. Bei einzelnen – wie bei Max Klinger und Alfred Kubin – verbinden sich Gedanken Schopenhauers und Nietzsches zu einem komplexen und kompakten Amalgam, bei anderen – wie bei Max Beckmann – zeigt sich nach dem Erlebnis des Ersten Weltkrieges eine radikale Veränderung der Einstellung, eine Abkehr von Nietzsche und eine Hinwendung zu Schopenhauer, während bei wieder anderen – wie bei Edvard Munch – umgekehrt eine Entwicklung vom tiefen Pessimismus der frühen Jahre zu einer stoischen Bejahung des Lebens bestimmend ist. An Bildern wie »*Melancholie*« *(1891)* (Abb. 7) und »*Fruchtbarkeit*« (2. Fassung, 1902) (Abb. 8), läßt sich diese Entwicklung ablesen. Sie entspricht dem inneren Weg, den Munchs norwegischer Landsmann Knut Hamsun im gleichen Zeitraum gegangen ist, von den dunklen Halluzinationen seiner Romane ›Hunger‹ und ›Mysterien‹, hin zu dem aus Schmerzen gewachsenen Loblied des Lebens in ›Segen der Erde‹.

Abb. 7: Edvard Munch
Melancholie (1891)

Abb. 8: Edvard Munch
Fruchtbarkeit II (1902)

III. Übersicht

Picasso
Jugendstil
Expressionismus
Die Fauves
Dada
Surrealisten: Max Ernst, Masson
Futurismus: Boccioni, Carrà, Marinetti, Meidner

Der Einfluß Nietzsches begann in den neunziger Jahren und übte bald eine unwiderstehliche Sogkraft aus. Keine der um die Jahrhundertwende oder in den ersten Jahrzehnten danach entstehenden Strömungen der Moderne hat sich ihm entziehen können oder wollen, weder Jugendstil noch Expressionismus und Fauvismus, weder die Futuristen noch Dada, noch die Leitsterne des Surrealismus, und die pittura metafisica schon gar nicht. Wie weit der Kubismus und im besonderen Picasso ihm Anstöße verdankt, ist umstritten und noch lange nicht ausdiskutiert, nachzuweisen ist bei Picasso eine frühe Nietzsche-Lektüre und die sich ihr verdankende Überzeugung, daß die Kunst ihre eigene Realität hervorzubringen vermag.

Die von Picasso überlieferte Äußerung: »Ich suche nicht, ich finde«, die sein artistisches Glaubensbekenntnis darstellt, läßt sich von einem Vers aus der ›Fröhlichen Wissenschaft‹ herleiten: »Seit ich des Suchens müde ward, Erlernte ich das Finden.«

Das gleiche gilt für einen anderen viel zitierten Ausspruch von Picasso, der ebenso in Nietzsche seinen Ursprung hat: »Wir wissen alle, daß Kunst nicht Wahrheit ist. Kunst ist eine Lüge, die uns die Wahrheit begreifen lehrt, wenigstens die Wahrheit, die wir als Menschen begreifen können.«

Den umfassenden Einfluß Nietzsches auf die Kunst um die Jahrhundertwende und die beginnende Moderne darzustellen, gar noch von Einzelfall zu Einzelfall die Nietzsche-Lektüre nachzuweisen, Belegstellen aus Briefen, Tagebüchern, Aufsätzen, Manifesten zu zitieren und sie auf bestimmte Stellen der Schriften Nietzsches zu beziehen und so die Wirkung Nietzsches in hundert Aspekten und tausend Schattierungen samt den dazugehörigen Fußnoten auszubreiten, das würde eine eigene Vortragsreihe erfordern.

Darum stichwortartig einige Hinweise zu den verschiedenen Kunstströmungen, ohne Anspruch auf Vollständigkeit auch nur der wichtigsten Namen.

Jugendstil. Die seit 1895 erscheinende, für den Jugendstil so wichtige Zeitschrift PAN eröffnete ihre erste Ausgabe mit Zitaten aus dem ›Zarathustra‹ und einer Zarathustra-Allegorie von Hans Thoma. Henry van de Velde, seit 1902 in Weimar Direktor der Kunstgewerbeschule, zeigte sich nachhaltig – vom Entwurf eines Gedächtnis-Tempels bis in seine Buchornamente hinein – von Nietzsche geprägt. Im Rückblick hat Friedrich Ahlers-Heestermann vom Jugendstil als vom »Zarathustra-Stil« gesprochen.

Expressionismus. Die Künstler des *Blauen Reiter* – Kandinsky, Klee, Marc – kannten den ›Zarathustra‹, haben sich in Briefen und Aufzeichnungen ausführlich zu Nietzsche geäußert, Marc war von seiner Tragik tief berührt – und es ist eigenartig, daß sich 1912 in der in der Zeitschrift PAN ausgetragenen Fehde um ›Die neue Malerei‹ mit Franz Marc und Max Beckmann zwei Nietzsche-Protagonisten gegenüberstanden, die sich freilich auf ganz unterschiedliche Aspekte seiner Philosophie stützten.

Die »Brücke«-Maler traten in Dresden im Zeichen Nietzsches an, der enthusiastisch ›Zarathustra‹ deklamierende Erich Heckel gab den Freunden das Leitmotiv ihrer Kunst vor, und so griffen sie nur allzu gern den Vorschlag Schmidt-Rottluffs auf, ihre Vereinigung »Brücke« zu nennen, nach dem ›Zarathustra‹-Wort, »daß der Mensch eine Brücke und kein Zweck ist«, »ein Übergang und ein

Untergang« – eine Brücke, ein Übergang hinüber zur Vision des Übermenschen, die zu erreichen er zuerst untergehen muß.

Die Fauves, die parallel zur »Brücke« in Paris hervortraten, haben Nietzsche hitzig diskutiert, und im seit 1900 geführten Briefwechsel zwischen André Derain und Maurice Vlaminck findet sich davon mancher aufschlußreiche Niederschlag.

Dada. Hugo Ball, Walter Serner, Raoul Hausmann, Richard Huelsenbeck haben alle Nietzsche schon früh gelesen. Hugo Ball entwarf 1910 in München in der von ihm vorbereiteten Dissertation ›Nietzsche in Basel – eine Streitschrift‹ das Bild des Lebensreformers Nietzsche, noch 1915 trug er in Berlin zusammen mit Huelsenbeck neben eigenen Gedichten Vertonungen von Nietzsche vor. Huelsenbeck erklärte im Dada-Almanach 1920 den Nietzsche von ›Jenseits von Gut und Böse‹, der von seinesgleichen als von den »Parodisten der Weltgeschichte« und den »Hanswürsten Gottes« gesprochen hatte, zum Vorläufer des Dadaismus und erkannte im Gelächter Dadas das Lachen Nietzsches. Im Rückblick auf seine Dadazeit sagte er später von sich und seinen Gefährten: »Nietzsche war unser Gott damals«.

Für die *Surrealisten* war die Bedeutung Nietzsches vielleicht noch größer, wenngleich André Breton seine Gedanken vor allem vermittelt durch Freud aufnahm. Für Max Ernst gehörte Nietzsche zu den bestimmenden Eindrücken seiner Jugend. Selbst noch in seinem Wahlspruch, in dem er, sich von Picassos Diktum über das Finden abhebend und dabei von sich in der dritten Person redend sagt, als größtes Glück und Verdienst rechne er sich an, sich niemals selbst gefunden zu haben, klingt eine der späten Nietzsche-Aussagen nach, geschrieben auf einem der sogenannten Wahnsinnszettel von Anfang Januar 1889, gerichtet an seinen dänischen Adepten Georg Brandes: »Nachdem Du mich entdeckt hast, war es kein Kunststück, mich zu fin-

Abb. 9: Max Ernst
Selbstbildnis (1909)

den: die Schwierigkeit ist jetzt die, mich zu verlieren...« Wer sind wir selbst, was ist die Natur der Dinge? »Die Art wie Max Ernst die Identität der Dinge in Frage stellt«, schreibt John Russell, »geht auf Nietzsche zurück, der den angenommenen Begriff ›Wirklichkeit‹ ständig anzuzweifeln entschlossen war.« Max Ernsts Ästhetik hat ihre Wurzeln in Nietzsches ›Fröhlicher Wissenschaft‹, die er schon 1909 – (»*Selbstbildnis*« 1909, Abb. 9),– studiert hatte, als er – vielleicht nicht sich selbst, wohl aber den eigenen Weg suchend – für einige Semester an der Philosophischen Fakultät der Universität Bonn inskribiert war. »Wenn überhaupt ein Buch in die Zukunft weist« – sagte er später von der ›Fröhlichen Wissenschaft‹ –, »so ist es dieses. Der ganze Surrealismus steckt darin, wenn man es zu lesen versteht.« Und so hat er denn auch 1922 in seinem »*Ren-*

Abb. 10: Max Ernst
Rendez-Vous des Amis (1922)

dezvous der Freunde« (Abb. 10) den Kreis der angehenden Surrealisten in die Gletscherwelt Nietzsches versetzt, in jenes freie und »freiwillige Leben in Eis und Hochgebirge«, von dem er in ›Ecce homo‹ spricht. Der Künstler sitzt in diesem Bild auf den Knien Dostojewskis – Nietzsches letzter großer literarischer Entdeckung –, den er als einen ihm ebenbürtigen Psychologen und Menschendurchschauer gelten ließ.

Nietzsche hat Max Ernst bis in die späten Jahre begleitet. Im amerikanischen Exil, in Sedona, Arizona, malte er 1947 »*Die Geburt der Komödie*« (Abb. 11). Zwei kopfartige Fetische, die an antike Tragödienmasken erinnern, recken sich vor uns in die Höhe. Aber die Masken sind transparent. Oder sollen wir besser sagen, sie sind hohl? Durch die vordere Maske, wohl die des Dionysos, blicken wir in der Höhe von Augen und Mund in eine Zone des Dunkels, der Schwärze, bei der hinteren Maske, die wir Apoll zuschreiben dürfen, geht der Blick ins Leere. »Jeder tiefe Geist braucht eine Maske«, heißt es in ›Jenseits von

Abb. 11: Max Ernst
Geburt der Komödie
(1947)

Gut und Böse‹, »Alles was tief ist, liebt die Maske«. Max
Ernst hat zeitlebens das Spiel mit Masken geliebt, und auch
»*Die dunklen Götter*« (Abb. 12), die er in dem Gemälde
von 1957 beschwört, sind nichts anderes als solche Masken, die ihr eigentliches Wesen vor uns verbergen.

»Ich bin Dynamit«, hatte Nietzsche in tiefem Ernst gesagt, sich seinen Zeitgenossen entziehend. »Nehmt mich,
ich bin die Droge«, sagte Dali und bot sich einer konsum-
freudigen Gesellschaft zum Gebrauch an. Salvador Dali
hat ›Also sprach Zarathustra‹ schon als Gymnasiast gelesen und meint in seiner Autobiographie ›Das geheime Leben des Salvador Dali‹, angesteckt von Nietzsches Manie
der Selbstüberhebung, er selbst hätte etwas wie den ›Zarathustra‹ viel besser machen können. So ging er daran, Nietzsche zu übertrumpfen – sogar in puncto Schnurrbart (Abb.
13, 14). Er schreibt: »Meiner sollte nicht deprimierend, ka-
tastrophisch, erdrückt von Wagner-Musik und Nebel sein.
Nein! Er sollte dünn, imperialistisch, ultrarationalistisch
sein und in den Himmel zeigen wie der vertikale Mystizis-

mus«. In einer Vexier-Zeichnung aus dem Jahr 1956 hat Dali Nietzsche, sich in dieser Rolle mit ihm identifizierend, als Rattenfänger dargestellt. Nietzsche hatte in der ›Götzendämmerung‹ von sich als »altem Psychologen und Rattenfänger« gesprochen. Und wenn Dali sich in Nietzsches Rattenfänger verwandeln konnte – war er dann nicht vielleicht auch die Inkarnation des Übermenschen?

Von allen Surrealisten zeigt sich André Masson am stärksten von Nietzsche beeinflußt. Er hat ihn von Jugend an immer wieder gelesen und nannte ihn den »Großen Erwecker«, »Le Grand Eveilleur«. In den dreißiger Jahren hat er ausgiebig mit Georges Bataille über Nietzsche und dessen »Heraklitismus« diskutiert. Aus diesen Jahren existiert so manche Hommage an Heraklit, in dem er einen »geistigen Bruder«, wenn nicht Doppelgänger Nietzsches zu erkennen meinte. Christa Lichtenstern hat darauf hingewiesen, daß das Heraklit-Porträt Massons kaum ohne jene Passage aus Nietzsches ›Geschichte der Philosophie im tragischen Zeitalter der Griechen‹ denkbar ist – ein Werk, das

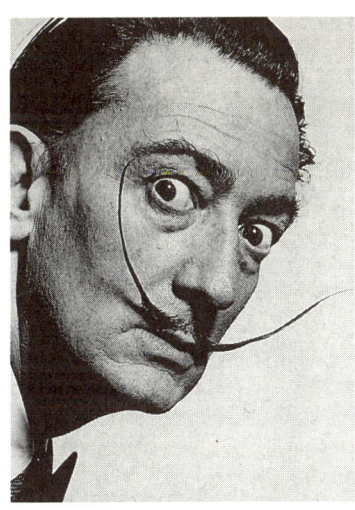

*Abb. 13: Salvador Dali
(1904–1989)
Photo-Portrait*

*Abb. 14:
Friedrich Nietzsche
Photo-Portrait 1883*

Abb. 15: André Masson
Héraclite (1939)

Masson, wie wir wissen, sehr genau gelesen hatte: »...In seiner Beleuchtung verwandelt sich, vor unseren Blicken, das Gesicht Heraklits, das stolze Leuchten seiner Augen erlischt, ein faltiger Zug schmerzlicher Entsagung, der Ohnmacht prägt sich aus, es scheint, daß wir wissen, warum das spätere Altertum ihn den weinenden Philosophen nannte.« (Abb. 15)

Zur gleichen Zeit entstand der Zyklus von Zeichnungen »Mythologie de la Nature«, ein Jahr später die »Mythologie de l'Être«. Massons Bild der Natur steht ganz im Zeichen unablässigen Werdens, einer beständigen Verwandlung. Im Zeichen des Dionysos verschmelzen für Masson endgültig »der Blick von Heraklit« und »die Vision von Nietzsche«. In einer ästhetischen Reflexion schreibt er 1946: »Wenn unser Auge schärfer wäre, würden wir alles in Bewegung sehen«.

Die Metamorphose verdichtet sich zur Metapher. Das Titelblatt der »Mythologie de l'Être« zeigt einen Menschen, der als Pfeil von fremder Hand in einen Bogen gespannt ist und hinaufzielt zum Sonnenkristall (Abb. 16, 17). Zarathu-

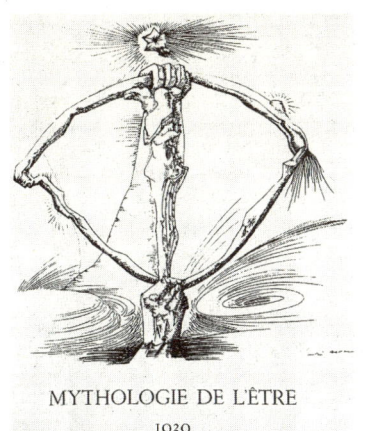

*Abb. 16: André Masson
Mythologie de l'Être
(1939)*

*Abb. 17: André Masson
Quand la Flèche
d'Existence ...
(1939)*

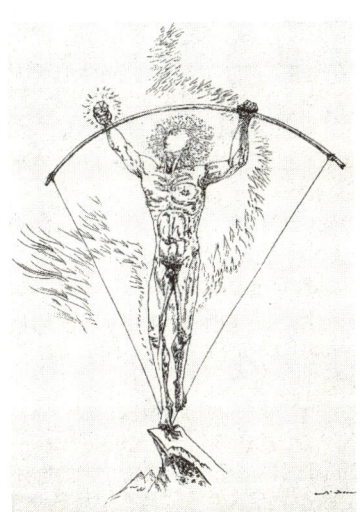

Abb. 18: André Masson
Cet Aigle c'est Toi ... (1939)

stra hatte vom Menschen als »Pfeil der Sehnsucht« gesprochen. In der Zeichnung »Dieser Adler bist du / Verlassen im
Abgrund des Nichts« (Abb. 18) aus derselben Folge verschmelzen mehrere Metaphern aus dem ›Zarathustra‹ zu einer Vision des Menschen über dem Abgrund: der Mensch
auf dem Gipfel des Berges, der Mensch, der fest verwurzelt
wie ein Baum in der Erde steht, der Mensch, der in einen Adler verwandelt, seine Flügel in die Lüfte erhebt, das alles vor
einer ins Unendliche wachsenden Wüste.

Neben den Franzosen gehören die Italiener zu den ersten, die nachhaltig auf Nietzsche reagierten. Da ist Gio-
vanni Segantini, der den Zeitgenossen als der »Nietzsche
schaffensverwandteste Künstler« erschien und konsequen-
terweise schon 1896 gebeten wurde, das Titelblatt für die
italienische ›Zarathustra‹-Ausgabe zu schaffen. Wenn
Nietzsche davon geträumt hatte, in seinem geliebten Sils-
Maria einmal zu sterben – Segantini hatte in der Bergein-
samkeit des oberen Engadin den Tod gefunden.

Abb. 19: Carlo Carrà
Ideale Figuration
(Nietzsche)

Der *Futurismus* hat ganz im Banne Nietzsches begonnen, was jedem Leser des 1909 publizierten futuristischen Manifestes von Marinetti sogleich in die Augen springt. Wie Heckel, Kirchner und Schmidt-Rottluff wenige Jahre zuvor, so hatten auch Boccioni und Severini ihre Freundschaft im Zeichen Nietzsches geschlossen, Boccioni, Carrà und Russolo schufen als programmatische Hommage gedachte *Nietzsche-Porträts*, von denen nur das von Carrà erhalten ist (Abb. 19).

Umberto Boccionis Triumphlied auf die moderne Stadt, die von ihrer Peripherie her – und das heißt von den Fabriken – zu neuem Leben erwacht, ist ganz aus dem Widerstreit der Nietzsche-Farben Rot und Gelb entwickelt (*»Die Stadt erhebt sich«*, 1910/11). »Das tiefe Gelb und das heiße Rot«, spricht Zarathustra, »so will es mein Geschmack, – der mischt Blut zu allen Farben« (Abb. 20).

Boccionis Bronzeplastik von 1913, die »Einmaligen Formen in der Kontinuität des Raumes« (Abb. 21), diese

Abb. 20: Umberto Boccioni
Die Stadt erhebt sich (Skizze) (1910/11)

durch keine Kraft der Welt aufzuhaltende, gegen starken Widerstand wie im Sturmwind unbeirrt voranschreitende Figur, in der sich alle Hoffnungen, alle Utopien des beginnenden Jahrhunderts zu bündeln scheinen – ist sie nicht die überzeugendste, die ergreifendste Inkarnation, die Nietzsches Vision des Übermenschen in der Sprache der Bilder je gefunden hat?

Die Abhängigkeit des Futuristischen Helden, wie ihn Boccioni gestaltet hat, wie ihn Marinetti in seinen Manifesten proklamiert und in der Figur seines Helden im Roman ›Mafarka, der Futurist‹ von 1910 sein Unwesen treiben läßt – seine Abhängigkeit vom Übermenschen, dessen Heraufkunft Zarathustra prophezeite, war so offensichtlich, daß sich Marinetti sogleich gedrängt fühlte, sich von seinem Vorbild abzusetzen. In seiner Streitschrift ›Was uns von Nietzsche trennt« stilisierte er Nietzsche zum »Passatisten«, zum Schulmeister und Büchermenschen, dessen Füße, wenn er über »die Gipfel der Berge Thessaliens wandert« von »langen griechischen Texten gefesselt« bleiben –

Abb. 21:
Umberto Boccioni
Einzigartige Formen in
der Kontinuität des
Raumes (1913)

darum habe er seinen Übermenschen auch nur aus der Erinnerung »an die verwesten Leichname von Apoll, Mars und Bacchus« schaffen können. So, schreibt Marinetti im Namen der Futuristen, »haben wir Nietzsche verlassen, an einem Dezemberabend, auf der Schwelle einer Bibliothek, die den Philosophen zwischen ihren Flügeltüren aus gelehrter und bequemer Wärme verschlang.«

So bewußt Marinetti hier das Bild Nietzsches verzeichnet, in einem hat er recht: der futuristische Held unterschied sich in wesentlichen Aspekten vom Ideal des Zarathustra, er hatte die Einsamkeit seiner Bergwelt mit den lebenssprühenden Städten des Mittelmeeres vertauscht. Die Faszination durch die Technik, der Kult der Maschine, der Rausch der Geschwindigkeit, die Stimulierung durch die Metropolen – das sind Aspekte des futuristischen Helden, die Zarathustra ganz fremd waren.

Und so war es folgerichtig auch keiner der italienischen Futuristen, sondern ein deutscher Expressionist, der am Vorabend des Ersten Weltkrieges die Apokalypse der gro-

Abb. 22: Ludwig Meidner
Apokalyptische Stadt (1913)

ßen Städte malte. »Hier ist die Hölle für Einsiedler-Gedanken: hier werden große Gedanken lebendig gesotten und klein gekocht. Hier verwesen alle großen Gefühle«, hatte es im ›Zarathustra‹ über die Metropole geheißen. »Riechst du nicht schon die Schlachthäuser und Garküchen des Geistes? Dampft nicht diese Stadt vom Dunst geschlachteten Geistes?« Darum wünscht Zarathustra den Untergang der modernen Städte: »Wehe dieser großen Stadt! Und ich wollte, ich sähe schon die Feuersäule, in der sie verbrannt wird.« In seinem Bild der »*Apokalyptischen Stadt*« von 1913 hat Ludwig Meidner diese Feuersäule gemalt (Abb. 22). Am Himmel zerplatzen rote Sonnen, Feuerbogen verbinden Himmel und Erde, und ein Höllenschlund öffnet sich, Häuser und Menschen zu verschlingen. (»*Apokalyptische Landschaft*«, 1913).

IV. Worin beruhte die Wirksamkeit
Nietzsches?

*Unterschiedliche Nietzsche-Bilder
bei den einzelnen künstlerischen Strömungen
Verschiedene Nietzsche-Porträts*

Diese Stichworte mögen genügen, den Einfluß Nietzsches
auf die unterschiedlichsten Strömungen im Bereich der bildenden Kunst wie die Intensität seiner Wirksamkeit, bis
hin zum sich hier und da artikulierenden Widerspruch einzelner Jünger zu skizzieren.

Worauf beruht diese ungeheure Wirksamkeit? Was war
es, das gerade die Künstler so ansprach? Es war wohl
ebenso der rücksichtslose Kulturkritiker, der keine Tabus
kannte und die radikalste Absage an die eigene Zeit formu-
lierte, wie der alles Menschliche, Allzumenschliche durch-
schauende Psychologe. Es war der von allem Künstlerischen faszinierte Denker, der wie kein anderer das Selbst-
wertgefühl der Künstler stärkte, der den Instinkt über den
Intellekt stellte, wie der unvergleichliche Wortkünstler, der
Dithyrambiker und Aphoristiker, das artistische Sprachgenie, das betörte. Sicher war es auch der Mann, der zu Aben-
teuer und Wagnis rief und einlud, um der Erkenntnis willen »gefährlich zu leben«, wie der Verdammer allen Mit-
leids, der Bejaher aller Tiefen und Höhen menschlicher Existenz, der Philosoph der freien Geister, der keine Bindungen kannte, der eine Umwertung aller Werte forderte, der
die Verachtung des Staates predigte und den Rausch der
Einsamkeit verkündete. Und bestimmt spielte neben all diesen kaum zu trennenden Einzelzügen die Lebenslegende
Nietzsches eine Rolle, sein unglückliches, märtyrerhaftes
Schicksal, das ihn schließlich – als hätte er zu viel gewagt
und die Götter herausgefordert – in Wahnsinn verfallen
ließ.

Nietzsche – das war der Mensch, der die Einsamkeit gesucht hatte, der viel gelitten hatte, und der doch von der

Kraft der Überwindung sang. Das war ein Mensch in seinem Widerspruch, ein Mensch, mit dem man sich auch dann noch identifizieren konnte, wenn man einzelne seiner Äußerungen radikal zurückweisen mochte – im Ganzen war er von einer beispielhaften, fast selbstmörderischen Integrität. Seine Tragik machte ihn unangreifbar.

Hier sprach einer, der vom Tragischen nicht nur redete, sondern es bis in die letzte Konsequenz gelebt hatte. Hier sprach einer, bei dem Leben und Werk nicht zu trennen waren, der mit seiner Person einstand für jedes Wort, der schließlich sein eigenes Dasein seinem Werk geopfert und diesem damit gleichsam ein existentielles Siegel aufgeprägt hatte, das Siegel der Authentizität. Hier sprach einer, der immerfort nach den Sternen zu greifen schien, den das Fernste und Ungeheuerste befeuerte, der glühte, scheinbar ohne sich zu verzehren und der dann schließlich doch an der eigenen Glut verbrannte.

Hier sprach einer, der an die geheimsten Empfindungen, an die ungelebten Sehnsüchte einer Epoche rührte, einer, von dessen Wort Flammen ausgingen. Hier sprach einer, der sich viel eher an unsere Emotionen wandte als an unsere Vernunft, ein zutiefst künstlerischer Mensch, der den Widerspruch nicht scheute und dessen Werk die unterschiedlichsten Facetten aufwies.

So haben denn auch die verschiedenen künstlerischen Bewegungen, die sich von Nietzsche inspiriert zeigten, durchaus nicht nur auf die gleichen Züge seines Werkes reagiert. War es für die Expressionisten das dionysische Pathos, das alle Lebensphänomene durchpulste und das mitreißende Feuerwerk des Stils, was sie am stärksten ansprach, so war es für die Fauvisten neben der Verherrlichung des Lebens das Loblied auf den lateinisch-mediterranen Geist, was ihnen die Gedanken Nietzsches so sympathisch machte. Wenn die Futuristen vor allem der Verächter seiner Gegenwart faszinierte, der Zertrümmerer der »alten Tafeln« mit den überholten Gesetzen, der einen »Fluch auf das Christen-

Abb. 23:
Giorgio de Chirico
La Nostalgia
dell' Infinito (1913)

tum« schleuderte und zugleich zum Aufbruch in unbe-
kannte Territorien rüstete, so war ein anderer Italiener,
Giorgio de Chirico, der Vater der pittura metafisica, zur
gleichen Zeit von einem ganz anderen Nietzsche betroffen,
von dem Poeten, der dunkel-dionysische Lieder sang und
der in seinem ›Zarathustra‹ wie in seinen späten Briefen aus
Turin oder in ›Ecce homo‹ immer wieder – nach der Stunde

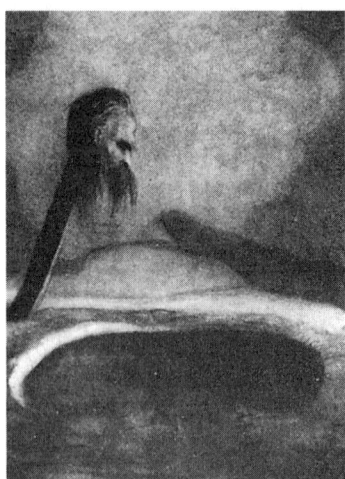

Abb. 24: Alfred Kubin
Der Rebell (1901)

des großen Mittags –, eine herbstliche, nachmittägliche
Stimmung beschwor, die Strahlen und die Schatten einer sin-
kenden Sonne, Stimmungen, die de Chirico in gemalte Vi-
sionen zu verwandeln versuchte, denen er Namen gab wie
»Melancholie des Unendlichen« (Abb. 23).

Sehen wir uns die lange Reihe der Nietzsche-Porträts
durch, die von etlichen bedeutenden und vielen weniger bedeutenden Künstlern seit den späten neunziger Jahren als
Gemälde oder Büste, als Zeichnung, Radierung oder Holz-
schnitt geschaffen wurden, dann sind es ganz unterschiedliche Rollen, in denen uns der Philosoph begegnet. Einmal
tritt er uns als der Rebell entgegen, den eine furchtbare
Strafe erwartet, dann ist er der Visionär, der in der Bergein-
samkeit meditiert und dem dort der ›Zarathustra‹ erscheint, einmal liegt der Akzent auf dem Märtyrer, der unter der Last seiner Gedanken zusammenbricht, dann auf
dem Propheten, der sich selbst und alles Irdische überwindet. Allen diesen Porträts – so weit sie von bedeutenden

Abb. 25:
Edvard Munch
Friedrich Nietzsche
(1905)

Künstlern stammen und in ihrer Absicht über das Erreichen physiognomischer Ähnlichkeit hinausgehen – ist jedoch eines gemeinsam: die Verknüpfung des Mannes, der so außerordentliche Gedanken gedacht hat mit dem Lebensschicksal, das ihm bestimmt war. Sie alle wurzeln in der Imagination, verdanken sich dem Impuls seines Werkes, stammen aus der Begegnung mit der geistigen Figur des Porträtierten, nicht mit der historischen Person.

Dafür einige wenige Beispiele. Alfred Kubin zeigt uns den »*Rebell*« *(1901)* (Abb. 24), dessen abgeschlagenes und auf einen Pfahl gespießtes Haupt auf eine chaotisch-sumpfige Welt blickt. Im Bilde Edvard Munchs begegnet uns der Visionär, der in der imaginierten Landschaft des Engadin »6000 Fuß über dem Meere und viel höher über allen menschlichen Dingen« seinen ›Zarathustra‹ vor seinem inneren Auge auftauchen sieht (Abb. 25). Erich Heckel zeigt

*Abb. 26: Erich Heckel
Friedrich Nietzsche
(1905)*

*Abb. 27: Otto Dix
Friedrich Nietzsche,
Büste (1912)*

uns den *Märtyrer*, den heroisch Kranken, über sich selbst hinauswachsenden Grübler (Abb. 26). Die Büste, die Otto Dix 1912 geschaffen hat – und die leider als verschollen gelten muß – stellt uns eindringlich den willensstarken, unbeirrbar an seine Sendung und die ihm aufgetragene Aufgabe glaubenden Philosophen vor Augen, den Denker des Übermenschen. Von allen Nietzsche-Bildnissen scheint gerade dieses uns heute am nächsten (Abb. 27).

V. Welche Werke Nietzsches haben am stärksten gewirkt?

Der Stellenwert der Kunst in der Philosophie Nietzsches – »Artistenmetaphysik«

Fragen wir uns, welches der Werke Nietzsches am stärksten auf Künstler gewirkt hat, dann werden wir trotz Marinettis und Max Ernsts Faszination durch die ›Fröhliche Wissenschaft‹ und de Chiricos Vorliebe für ›Ecce homo‹ (das er übrigens zuerst in französischer Übersetzung las) ohne Zweifel den ›Zarathustra‹ nennen müssen. Die bilderreiche Sprache des ›Zarathustra‹, die Gleichnisse, in denen er redet, die Landschaft, die er durchschreitet, ihre Elemente: Baum, Berg, Fels, Brandung, Insel, die Tiere, mit denen er umgeht, und die seine Attribute oder Widersacher sind, Adler und Schlange, Affe und Löwe, Tiger und Panther, Kamel und Drache, Feuerhund, Esel und Kröte, die Farben, die er beschwört, das alles trat zum mitreißenden Pathos des Vortrags hinzu und bot der Anschauung sinnliche Anknüpfungspunkte.

Dennoch dürfen wir nicht die Rolle unterschätzen, die Nietzsches Erstlingswerk ›Die Geburt der Tragödie aus dem Geist der Musik‹ gerade für die Diskussion der Künstler gespielt hat. Mochten auch nur wenige – im Unterschied zum ›Zarathustra‹ – den Text wirklich studiert ha-

ben, mit den wesentlichsten Thesen dieses Textes waren sie
sehr wohl vertraut.

›Die Geburt der Tragödie‹ ist zugleich die Geburt seiner
»Artistenmetaphysik«. Nietzsche denkt das Sein in den Kategorien der Ästhetik und erkennt seinen Urgrund als tragisch. Nietzsche selbst hat aus der Rückschau von ›Ecce
homo‹, also mehr als anderthalb Jahrzehnte später, diese re-
volutionäre Wende seiner Gedanken, die Voraussetzung aller folgenden Umwertungen, so bezeichnet: »Eine ›Idee‹ –
der Gegensatz dionysisch und apollinisch – ins Metaphysische übersetzt.« Statt »ins Metaphysische« könnten wir
auch sagen: »ins Existentielle übersetzt«.

Im Begriff des Tragischen spiegelt sich für Nietzsche der
Gegensatz des Apollinischen und Dionysischen, und in
ihm ist er aufgehoben. Apollo steht für die bildnerischen,
die bildhaften und bildschaffenden Kräfte, er entfaltet sich
im Traum, ihm gehört aber auch die Klarheit. Dionysos dagegen entsteigt dem Chaos, er verkörpert die musikalisch-
musikantischen Elemente, er inspiriert Rausch und Rase-
rei, Taumel und Tanz und spricht sich im griechischen
Chor aus. Im Wechselspiel von Apollo und Dionysos
kommt die Tragödie zur Vollendung. Sie gehören zusammen, sie bilden, wie Nietzsche sagt, einen »Bruderbund«:
»Dionysos redet die Sprache des Apollo, Apollo aber
schließlich die Sprache des Dionysos.« Sokrates, dessen
analytisch-sezierender Verstand sie trennt, bedeutet das
Ende der griechischen Tragödie und beschädigt dadurch
eine Wurzel unseres Menschseins. Denn die Tragödie ist in
Nietzsches Interpretation die höchste Ausprägung des
Griechentums und die Überwindung des Pessimismus, ist
»eine aus der Fülle, der Überfülle geborene Formel der
höchsten Bejahung, ein Jasagen ohne Vorbehalt, zum Leiden selbst, zur Schuld selbst, zu allem Fragwürdigen und
Fremden in unserem Dasein.«

An Stelle des Wortes Tragödie tritt bei Friedrich Nietzsche dann immer öfter der Begriff Kunst, »Tragödie« ist

nicht mehr als ein Beispiel für Kunst oder einfach deren Synonym. Von daher sind auch die beiden zentralen, gerade im Kontext künstlerischer Interpretation so oft zitierten Aussagen zu verstehen, die Kunst sei »die höchste Aufgabe des Lebens«, »die eigentlich metaphysische Tätigkeit des Menschen« und »das Dasein und die Welt« seien nur »als ästhetisches Phänomen... ewig gerechtfertigt.«

Der Kunst kommt in Nietzsches Philosophie der höchste Stellenwert zu. Sie ist nicht nur unvergleichliches Instrument der Erkenntnis – unvergleichlich gerade auch deshalb, weil sie uns den fragwürdigen Charakter unseres Begriffs der Wahrheit enthüllt, ja entlarvt –, sie ist zugleich (wie Nietzsche vor allem in den nachgelassenen Fragmenten der achtziger Jahre begründet) das größte Stimulans zum Leben, das stärkste Movens der ewigen Wiederkunft des Gleichen. Nietzsche faßt die »Welt als ein sich selbst gebärendes Kunstwerk« auf, und folgerichtig stellt er den Künstler als Prototyp des Schaffenden, des Schöpferischen, der beständig die Steigerung des Lebens, die Erneuerung der Welt ins Werk setzt, noch über den Philosophen: »In der Hauptsache gebe ich den Künstlern mehr recht als allen Philosophen bisher: sie verloren die große Spur nicht, auf der das Leben geht, sie liebten die Dinge dieser Welt – sie liebten ihre Sinne.«

VI. Der Metaphernreichtum des Zarathustra als Quelle programmatisch gemeinter Bilder

Beispiele bei Max Klinger und Edvard Munch

Wenn wir jetzt, den Einfluß Nietzsches auf die Bildende Kunst resümierend, das Werk von vier Künstlern, die von den Gedanken Nietzsches entscheidend inspiriert wurden, herausgreifen, dann sollen diese Beispiele zugleich stellvertretend für zwei unterschiedliche Weisen der Reaktion ste-

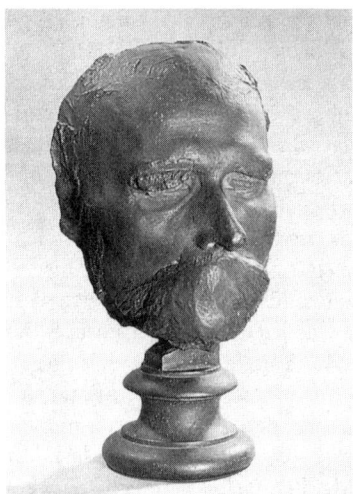

hen. Die eine hat ihren Ursprung im Metaphernreichtum des Zarathustra, entnimmt ihm ihre Themen und Motive und treibt sie in vielfachen Verwandlungen weiter. Die andere zeigt sich mindestens im gleichen Maße wie von Nietzsches Metaphern von seinem Verständnis der Kunst, von der ungeheuren Bedeutung, die er ihr aus der Perspektive des Lebens gegeben hat, betroffen.

Auf der einen Seite stehen Künstler wie Max Klinger und Edvard Munch, in deren Werk sich viele Spuren der Metaphorik Zarathustras finden lassen – weitere Beispiele lassen sich, wie wir gesehen haben, etwa bei Umberto Boccioni und André Masson finden. Auf der anderen Seite begegnen wir zwei Künstlern, die über die Beeinflussung durch Motive und Stimmungen hinaus die Auseinandersetzung mit Nietzsches Begriff der Kunst – in der ganzen Spannbreite ihrer Entwicklung von der ›Geburt der Tragödie aus dem Geist der Musik‹ bis hin zu den Fragmenten aus dem Nachlaß – gesucht haben. Es sind dies Otto Dix und

Giorgio de Chirico. Was sie umtrieb, waren zwei zentrale
Fragen, die mit dem Kunstbegriff Nietzsches verknüpft
sind: die Frage nach der Schönheit und die Frage nach der
Wahrheit. Auf diese Fragen haben sie Antworten gesucht.
Sie haben sie in die Sprache der Bilder übersetzt und weiter-
gedacht. In den Konsequenzen, zu denen sie gelangen, bele-
gen sie nicht nur anschaulich die Ästhetik Nietzsches, sondern gehen im einzelnen noch über sie hinaus. Diese Konsequenzen sollen uns abschließend beschäftigen.

Zunächst zu Max Klinger und Edvard Munch. Von beiden besitzen wir eindringliche, posthum geschaffene Porträts des Philosophen. Der Wunsch Elisabeth Förster-Nietzsches, die Totenmaske ihres Bruders abzunehmen, erreichte Klinger verspätet – an seiner Stelle konnte aber
Curt Stöving die Maske nehmen. Max Klinger hat dann
»das tragische Totenantlitz«, wie er es in einem Brief
nannte, in Bronze gegossen (Abb. 28). Klinger schreibt:
»Sie sollten die Nietzsche-Maske sehen! Tagelang nach
dem ersten Sehen riß mich dieser Eindruck herum. Und
noch jetzt, so oft ich sie sehe, stehe ich stundenlang unter
dem Bann. Ein Gesicht von so grenzenlosem unausspechli-
chen Seelenschmerz ohne Verzerrung, ohne Falten, nur das
tiefste an qualvoller Resignation. Seit ich diese Maske gesehen, kann ich nicht mehr an seine Geistesschwäche glauben...« Arnulf Rainer hat die Aufnahme dieser Totenmaske ein knappes Jahrhundert später zu einer suggestiven
Übermalung (1978) provoziert (Abb. 29).

Unmittelbar nach dem *Bronzeguß der Totenmaske*
machte sich Klinger daran, eine Büste Nietzsches zu schaffen (Abb. 30). Von ihr existieren aus den Jahren 1902 bis
1904 drei Fassungen, in denen die ursprüngliche Erschütte-
rung bald der bildhauerischen Routine weicht (Abb. 31).
Von der größten der drei Fassungen, die in Kunstkatalogen
der Zeit als »kolossale Bronze-Büste« erscheint, ließ der ge-
schäftstüchtige Klinger sogleich auch mechanisch verklei-
nerte Versionen herstellen. Zu ihnen finden sich diese zeit-

*Abb. 29: Arnulf Rainer
Friedrich Nietzsche,
Totenmaske,
Übermalung (1978)*

*Abb. 31: Max Klinger
Friedrich Nietzsche
(1904)*

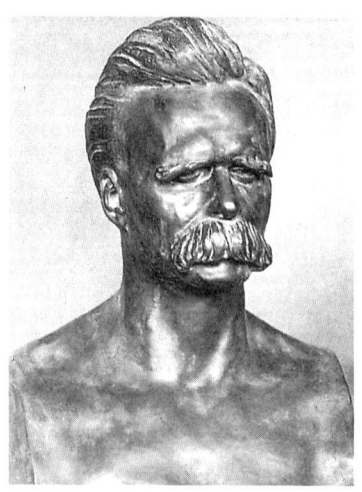

Abb. 30: Max Klinger
Studie zur Nietzsche-Büste (ca. 1901)

genössischen Angaben: »Sämtliche Reduktionen sind Linie für Linie getreu mit der Reproduktionsmaschine modelliert«. Nietzsche also dreimal gestaffelt: monumental, überlebensgroß, gleichsam als Übermensch; dann ein wenig geschrumpft als der von ihm so apostrophierte »höhere Mensch«, und schließlich auf handliches Format redu-

Abb. 32: Max Klinger
Vom Tode / Nacht (1889)

ziert, gewissermaßen als Zarathustras Schatten. Wie Klaus
Gallwitz bemerkt: »Der Kopf und die Köpfchen – jener für
das Museum, diese für die Mitglieder des Kunstvereins.
Die Unsicherheit eines ganzen Zeitalters lag in der Maß-
stabfrage«.

In seiner 1889 erschienenen Serie »Vom Tode« memo-
riert Max Klinger das menschliche Schicksal zwischen Pessimismus und Tragik in dem Blatt »*Nacht*«, das einen medi-
tierenden Philosophen vor einem ins Ungewisse verlaufen-
den Weg unter dräuenden nächtlichen Wolken zeigt. Ein
melancholisches Selbstbildnis, vorgestellt im ersten Jahr
der Umnachtung Nietzsches (Abb. 32).

Abb. 33: Max Klinger
Vom Tode II (1898)

In der zweiten Folge »*Vom Tode*«, *1898* (Abb. 33), tritt uns ein Jünger Zarathustras entgegen, die Hände zum Licht erhoben, dem neuen Tag entgegenschreitend. Würde er reden, er möchte uns ein »Wohlan, noch einmal« verkünden, und so trägt das Blatt denn auch den lapidaren Titel »*Und*

doch«. Auch *»Die Schönheit«,* die als makellose Aphrodite dem Meer entsteigt und dem Betrachter entgegentritt, huldigt der jasagenden Ästhetik Nietzsches (Abb. 34).

Im Blatt *»Der Philosoph«* (Abb. 35), 1910 datiert und der zweiten Folge *»Vom Tode«* eingegliedert, greift ein Jüngling aus dem Dunkel über ein schattenhaft suggeriertes schlafendes Mädchen hinweg über einen See und ein fernes Gebirgsmassiv – wäre da nicht der Wasserfall, wir könnten uns an den See von Silvaplana erinnert fühlen – und berührt mit den Fingern wie der Gott des Michelangelo sein strahlendes Ebenbild. Beschwört Klinger hier die ewige Wiederkehr des Gleichen? Oder ist es der Über-

Abb. 35: Max Klinger
Philosoph (1910)

mensch, der ihm über Berge und See hinweg seine Hand
entgegenstreckt?

In seinem *1897* vollendeten monumentalen Gemälde
»*Christus im Olymp*« (Abb. 36) gibt uns Max Klinger sein
ästhetisches Glaubensbekenntnis, das hier besonders eng
an Nietzsche orientiert erscheint. Christus, der sich seines
Kreuzes entledigt hat – es wird ihm rücksichtsvoll hinter-
hergetragen – tritt dem Göttervater Zeus gegenüber, der
vor ihm thront, umgeben von Dionysos, Ganymed, Her-
mes, Artemis und Apoll, zu seinen Füßen kniet Psyche.
Christus erscheint hier als Heros, nicht als Gott, und sterblich wie alle Heroen. Es ist die Begegnung zweier Welten.
Christus und die griechischen Götter kritisieren sich gegen-
seitig. Die christliche Moral, ihre Leibfeindlichkeit hält
nicht stand vor der Sinnenhaftigkeit der Antike. Christus
bringt den Griechen seine Botschaft von Mitleid und Näch-
stenliebe, die Götter der Antike verweisen ihn auf die Fülle

Abb. 36: Max Klinger
Christus im Olymp (ca. 1893)
(Studie)

Abb. 37: Edvard Munch
Friedrich Nietzsche (1905)

Abb. 38: Edvard Munch
Melancholie (Laura) (1898)

des irdischen Lebens, heißen ihn willkommen in der sinnlichen Welt.

Wie Klinger hat auch Edvard Munch Nietzsche mehrfach dargestellt. Seine erste Darstellung des Philosophen, 1905 in Weimar entstanden (Abb. 37), knüpft an ein Bild an, das seine gemütskranke Schwester Laura zeigt und das er »*Melancholie*« genannt hat *(1898)* (Abb. 38). Über die Depression seiner Schwester und die eigenen Nervenkrisen ist es ihm leicht, sich mit Nietzsche zu identifizieren, vor allem nach seinen Besuchen im Nietzsche-Haus in Weimar, in dem, wie er schreibt, der Geist des Philosophen »noch allenthalben spürbar war«. So ging sein erster Plan auch dahin, Nietzsche am Fenster sitzend zu malen, den Kopf in die Hand gestützt, in seinem Zimmer in Weimar, durch das man in eine sehr melancholische Landschaft blickt.

Aber dann, nach den ersten Entwurfskizzen, verwarf Munch diesen Plan. Nietzsche in Weimar – das hätte bedeutet, daß er den *kranken* Nietzsche hätte malen müssen, von dem Elisabeth Förster-Nietzsche ihm einige Fotos gegeben hatte. Ihm ging es aber um den anderen Nietzsche, um den Visionär, vor dessen innerem Auge in der Gebirgswelt des oberen Engadin die Gestalt Zarathustras auftaucht. Er sollte nicht von seiner Krankheit gefesselt im Zimmer sitzen, er sollte als freier Geist draußen im freien stehen. So beschreibt Munch sein Bild: »Ich habe ihn als den Dichter des Zarathustra zwischen den Bergen in seiner Höhle dargestellt. Er steht auf seiner Veranda und schaut hinunter in ein tiefes Tal. Über den Bergen steigt eine strahlende Sonne empor. Man kann an die Stelle denken, wo er davon spricht, daß er im Licht steht, aber wünschte, im Dunkel zu sein, – aber auch an einige andere Stellen in seinen Schriften.« (Abb. 39).

Die Jahre einer zeitweilig lebensbedrohenden Nervenkrise gehen 1909 nach einem längeren Sanatoriumsaufenthalt in Kopenhagen zu Ende. Nach Norwegen heimgekehrt, erhält Munch die Einladung, *Wandbilder für die Aula der Osloer Universität* zu schaffen. Nun wird dem Nordländer die Sonne zum alles beherrschenden Thema. In der Beschreibung seines Nietzsche-Porträts hatte er davon gesprochen, daß über den Bergen eine strahlende Sonne aufsteige. Tatsächlich zeigte sich am Horizont eine brennende Morgenröte: es ist die Stunde vor Sonnenaufgang. Nun stellt er eine alles überstrahlende *Sonne* mitten ins Bild; doch das ist wohl zu wenig gesagt: die Sonne *ist* das Bild, und die von ihr ausgehenden Strahlen geben ihm seine Struktur. Die Sonne erscheint ihm als die einzige Kraft, seine schicksalhafte Einsamkeit zu erhellen und zu überwinden (Abb. 40). Zu ihr hat die aufrecht stehende Figur in dem Bild »*Erwachsene Männer*«, das ebenfalls zum Osloer Universitätszyklus gehört, seine Arme erhoben (Abb. 41).

Abb. 39:
Edvard Munch
Friedrich Nietzsche
(1905)

Abb. 40: Edvard Munch
Die Sonne (1912)

Edvard Munch hat den Sonnenkult der Epoche, der so weit verbreitete Phänomene wie die Freikörperkultur zeitigte, in Bildern wie »Die Sonne« existentiell vertieft. Licht wird hier zu dem von Nietzsche beschworenen »Licht-Abgrund«: »Bist du nicht das Licht zu meinem Feuer?« Hier strahlt das Weltengestirn, an dem wir uns orientieren können, das uns den Weg in die Tiefe des Lichtes weist, die beides sein kann, Befreiung und Untergang. Es kann kein Zweifel sein, daß Nietzsches ›Zarathustra‹ ein entscheidender Stichwortgeber zum Sonnenkult in allen seinen Aspekten gewesen ist. Der ›Zarathustra‹ beginnt und endet im Zeichen der Sonne. Am Anfang der Vorrede heißt es: »...und eines Morgens stand er mit der Morgenröte auf, trat vor die Sonne hin und sprach zu ihr also: ›Du großes Gestirn! Was wäre dein Glück, wenn du nicht die hättest, welche du beleuchtest! Zehn Jahre kamst du hier herauf zu meiner Höhle: du würdest deines Lichtes und deines Weges satt geworden sein, ohne mich, meinen Adler und meine Schlange...‹« Und mit der gleichen Emphase endet das vierte Buch des ›Zarathustra‹: »›Dies ist mein Morgen, mein Tag hebt an: herauf nun, herauf, du großer Mittag!‹ – Also sprach Zarathustra und verließ seine Höhle, glühend und stark, wie eine Morgensonne, die aus dunklen Bergen kommt.«

So ist es Edvard Munch, der den beiden verbreitetsten Nietzsche-Posen, in denen die Zeit ihren Philosophen erkannte, einprägsamer noch als Max Klinger und so viele andere, Ausdruck gegeben hat: dem in Melancholie verfallenen Denker, der an seinem Tisch sitzend, den Kopf gedankenverloren in die Hand stützt – und seinem Gegenbild, dem Zarathustra-Menschen, der erwartungsfroh die Arme der aufgehenden Sonne entgegenstreckt, dem Menschen, dem nach dem Untergang der alten Welt die Zukunft gehören soll.

Abb. 41: Edvard Munch
Erwachsene Männer (1911/16)

*Abb. 42: Otto Dix
Friedrich Nietzsche,
Büste (1912)*

VII. Die Frage nach dem Häßlichen:
Otto Dix und Nietzsche

»Der Wille zur Macht« als Gier zum Leben

Otto Dix und Friedrich Nietzsche – das Thema war nach dem Zweiten Weltkrieg lange tabuisiert, nicht nur in der ehemaligen DDR. Otto Dix war als der unerbittliche Gesellschaftskritiker, der Antikriegskünstler par excellence, der Propagandist des Klassenkampfes festgelegt und sollte nur nach marxistischen Kategorien gedeutet werden. Als Otto Conzelmann in seiner Dix-Monographie 1958 im Fackelträger-Verlag Hannover auch die Nietzsche-Büste reproduziert haben wollte, schrieb ihm der Verleger: »Grundsätzlich lehnen wir die Gedankenwelt Nietzsches ab und möchten auf keinen Fall das Schaffen von Dix auch nur in

Teilen gedeutet durch das Werk dieses Philosophen sehen.« Der Name Nietzsche durfte nicht erwähnt werden.
Dabei hat Otto Dix zeitlebens in vielen Gespräch wie in
schriftlichen Äußerungen darauf bestanden, von Nietzsche
geprägt worden zu sein. Seine Nietzsche-Büste von 1912
(Abb. 42) drückt das Bild, das er sich vom Philosophen gemacht hat, unmißverständlich aus: es ist der Berserker und
Tafelzertrümmerer, der den »Willen zur Macht« denkt, ein
Apostel der Stärke, der für alles Lebendige plädiert und alles Mitleid verdammt. ›Der Wille zur Macht‹ begleitete den
Soldaten Dix in den Ersten Weltkrieg.

Mit elementarer Gewalt, wie ein Naturereignis, brach
die Kunst des Otto Dix in die aufgewühlte Szene der zwanziger Jahre ein, so wie ein halbes Jahrhundert zuvor die Philosophie Nietzsches als ein Naturereignis in der Gründer-
zeit erschienen war. So wenig das Ereignis Nietzsche aber
am Anfang beachtet worden war, so sehr wurde das Ereignis Dix zunächst mißverstanden. Man meinte den radika-
len Parteigänger der Linken in ihm zu erkennen, einen An-
kläger aller Vergnügungen und Lüste, der Bourgeoisie und
des Kapitals, einen Anwalt der Armen und Entrechteten,
der Verletzten und Verkrüppelten. Und doch war Otto Dix
nichts anderes als ein Auge ohne jede Moral. Ein Erzähler
ohne Kommentar. Ein Zeuge, der sich mit seinem Bericht
begnügte, der nicht den Zeigefinger erhob, uns zu beleh-
ren. So wenig wie Nietzsche wollte Dix den Menschen ändern oder die Welt verbessern, er war kein Weltverbesserer,
er war wie sein Lebensvorbild Nietzsche ein Weltbezeuger
und ein Weltbejaher bis in die dunkelsten Schattenseiten
und tiefsten Abgründe hinein. Der zwanzigjährige Otto
Dix lernte durch seine Nietzsche-Lektüre – neben dem ›Willen zur Macht‹ zuallererst die ›Fröhliche Wissenschaft‹ und
›Also sprach Zarathustra‹ – die Welt mit anderen Augen zu
sehen. Das drückt sich wie in der Nietzsche-Büste auch in
den frühen Selbstbildnissen aus – hier zwei Beispiele aus
dem Jahr 1913. Das »*Selbstbildnis mit roten Gladiolen*«

zeigt uns einen jungen Künstler, der den bösen Blick hat, einen Psychologen, unsentimental, ohne Mitleid, der sich anschickt, die Welt und die Menschen zu durchschauen und daraus seine Lebensaufgabe machen wird. Einer, der einmal von sich wird sagen können – wie es Nietzsche in seinem ›Antichrist‹ tat –: »Ich zog den Vorhang von der Verderbtheit des Menschen« (Abb. 43). Das »*Selbstbildnis vor Landschaft mit Felsen, Bergwiese und Meer*« (Abb. 44) ist eine versteckte Huldigung an seinen Meister und beschwört dessen liebste Aufenthaltsorte, seine Wahlheimat zwischen Alpen und Meer. »Ich will keine Erkenntnis ohne Gefahr«, hatte Nietzsche gesagt, »immer sei das tückische Meer oder das erbarmungslose Hochgebirge um den Forschenden.«

Was Dix bei Nietzsche fand, das war eine Philosophie, die mit den Sinnen denkt und sich in bildhaften Metaphern ausspricht, eine Philosophie, die mit allen Fasern am Leben hängt, die das Leben liebt und immer neue Gründe und Abgründe erfindet, das Leben zu verherrlichen.

In Nietzsche fand er einen Philosophen, der in seinen Texten praktizierte, was ihn in seiner Kunst reizte: die Dinge zu sehen und festzuhalten, ohne sie moralisch zu bewerten. In Nietzsche fand er einen Philosophen, der nicht nur von der »absoluten Immoralität der Natur« – bzw. von »der großartigen Indifferenz der Natur gegen Gut und Böse« – sprach, sondern der auch bereit war, diese Natur so zu akzeptieren, wie sie war, ohne Vorurteil und ohne Vorbehalt.

Dies bedeutete für Otto Dix, diesen von seiner Triebstruktur her bestimmten Künstler, vielleicht am meisten: daß der Immoralist Nietzsche nicht zynisch wurde oder zur Resignation tendierte, sondern seinen ›Zarathustra‹ das grenzenlose Ja– und Amen-Sagen verkünden ließ.

Die Menschen, die Dix uns zeigt, sind Triebwesen, aber sie sind darum weder böse noch verächtlich. Der Trieb ist eine Realität jenseits von Gut und Böse, jenseits aller Ge-

*Abb. 43: Otto Dix
Selbstbildnis mit roten
Gladiolen (1913)*

*Abb. 44: Otto Dix
Selbstbildnis vor
Landschaft mit Felsen,
Bergwiese und Meer
(1913)*

Abb. 45: Otto Dix
Kartenspielende Kriegskrüppel
(1920)

Abb. 46: Otto Dix
Ungleiches Liebespaar
(1925)

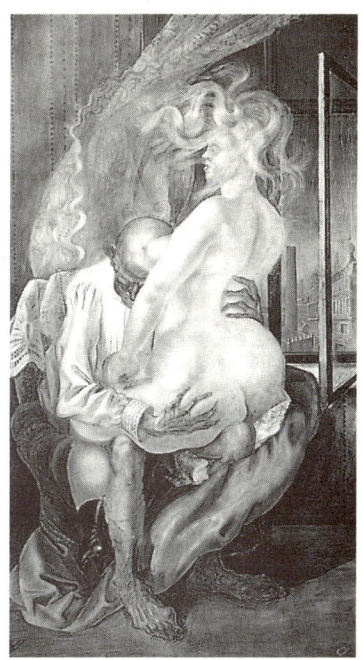

bote der Moral – so hat ihn Nietzsche als weltbewegendes
Prinzip gedacht, so hat ihn Dix gemalt (Abb. 45, 46). Nietzsches ›Wille zur Macht‹ tritt bei Dix als Trieb, als Lebensgier und als Libido in Erscheinung, als Lebensgier, die noch
die »*Kartenspielenden Kriegskrüppel*« in der Welt hält,
oder als Libido, die noch den abgewrackten ausgemergel-
ten Greis die Nähe des Leben verheißenden Fleisches suchen läßt (»*Ungleiches Liebespaar*«, 1925).

Otto Dix hat Menschen als Natur gemalt, die *Dirnen
auf der Straße* (Abb. 47) als lauernde, schleichende Wild-
katzen, die durch den Dschungel der Stadt unterwegs nach
Beute sind, aber auch seine Porträts zeigen Menschen in ihren Urinstinkten, *Alfred Flechtheims* Finger (Abb. 48) –

Abb. 47: Otto Dix
Drei Dirnen auf der Straße (1925)

was für Finger! – haben sich besitzgierig fest um den Bilder-
rahmen geschlossen, *Adolf Uzarski* deutet mit Spinnenfin-
gern einen privaten astrologischen Kosmos (Abb. 49). Da
ist kaum einer, dem sich nicht eine Scheußlichkeit nachsa-
gen ließ, oder das Selbstverständliche wirkt plötzlich irgendwie scheußlich, eine Art, die Hände zu halten oder zu
sitzen. Oder der Mensch wird ganz zur artifiziellen Groß-
stadtpflanze, seiner ursprünglichen Instinkte beraubt, wie
die Journalistin *Sylvia von Harden* (1926) (Abb. 50). Der
Maler *Franz Radziwill*, der Dichter *Alfred Günther* – was
ist von ihrem künstlerischen Wollen geblieben? Hinter der
Fassade der Kultur zeigt uns Otto Dix, der lustvolle Entlar-
ver, das Tierische und Vitale der menschlichen Natur, wie
er umgekehrt hinter dem Tierisch-Vitalen, das er in der

Abb. 48: Otto Dix
Alfred Flechtheim
(1926)

Abb. 49: Otto Dix
Der Maler Adolf
Uzarski (1923)

Abb. 50: Otto Dix
Die Journalistin Sylvia von Harden (1926)

Lebensgier der Krüppel auf der »*Prager Straße*« entdeckt (Abb. 51), wieder die Fassade einer fragwürdigen »Kultur« durchschimmern läßt, so wenn er die Kriegskrüppel mit ihren Krücken, Holzbeinen, Rollstühlen sich immer noch wie im Stechschritt bewegen läßt, so wie es ihnen anerzogen und eingedrillt worden war.

Abb. 51: Otto Dix
Prager Straße (1920)

Wer die Bilder von Otto Dix ansieht, vor allem die der zwanziger Jahre, wird an die Worte denken, mit denen Shakespeare die drei Hexen in ›Macbeth‹ ihren gespenstischen Reigen eröffnen läßt:

»Schön ist häßlich, häßlich schön«.

Die Macbeth-Welt ist eine Welt in fortwährender Verwandlung, zwischen Hell und Dunkel, Gut und Böse, Schön und Häßlich, Schöpfen und Zerstören. Dies ist auch die Welt des Otto Dix. Vor seinen frühen Bildern habe er »das Gefühl gehabt«, sagte Dix einmal im Gespräch, »eine Seite der Wirklichkeit sei noch gar nicht dargestellt: das Häßliche.« Ohne Zweifel war es Nietzsche, der ihn in diesem Mut zum Häßlichen bestärkt hat. In einer anderen Dix-Äußerung wird das ganz deutlich: »Ich brauche die Verbindung zur sinnlichen Welt, den Mut zu Häßlichkeit und das Leben ohne Verdünnung.«

Otto Dix war vom Häßlichen fasziniert. Es bedeutete für ihn verdichtetes Leben, vitales, pulsierendes Dasein, Drama, Spektakel, Sensation. Und es stellte zugleich die größte Herausforderung an ihn als Künstler dar: dem Häßlichen Dauer zu verleihen, indem er ihm Form gab und es so in einem höheren Sinn »schön« machte.

Es ist nicht schwer, auch hinter diesem zentralen Aspekt der Kunst des Otto Dix die Ästhetik Nietzsches zu entdekken. Im ›Willen zur Macht‹ hatte Nietzsche bemerkt: »An einem Philosophen ist es eine Nichtswürdigkeit zu sagen, ›das Gute und Schöne sind Eins‹, fügt er gar noch hinzu, ›auch das Wahre‹, so soll man ihn prügeln. Die Wahrheit ist häßlich. Wir haben die Kunst, damit wir nicht an der Wahrheit zu Grunde gehen.«

Ein doppelsinniger Satz. Die Wahrheit ist häßlich, aber die Kunst täuscht uns darüber hinweg. Ihr Wesen ist Schein, ja Lüge. Aber sie steht im Dienst des Lebens und ist darum auch in ihrem Scheincharakter positiv zu bewerten.

Über die Bewertung des Häßlichen ist sich Nietzsche zunächst nicht schlüssig. Schon früh hat er sich gegen das Maß, die Anmut, das Gefällige und für die Leidenschaft ausgesprochen, aber am Ideal der Schönheit, einer ausdrucksstarken, lebenserfüllten Schönheit festgehalten. Auch in seinen späten Aufzeichnungen, dem Nachlaß der achtziger Jahre, begreift er Häßlichkeit noch als »Widerspruch der Kunst«: »Das Häßliche wirkt depressiv: es ist der Ausdruck einer Depression. Es nimmt Kraft, es verarmt, es drückt...«. Aber damit war für Nietzsche das Problem des Häßlichen noch nicht abgetan. Er mußte lernen, es ebenso zum Wesen der Kunst wie zum Wesen der Welt gehörig und also als Stimulans zum Leben und nicht als Anstoß zu Depression und Resignation zu begreifen. Er mußte lernen, einen Standpunkt jenseits von häßlich und schön zu gewinnen, wie er einen Standpunkt jenseits von Gut und Böse gewonnen hatte. Er konnte dies, indem er den Doppelcharakter der Weltbewegung, der ewigen Wie-

derkunft des Gleichen erkannte – als deren vornehmstes
Werkzeug sich ihm die Kunst ja darstellte. Dieser Doppelcharakter vereint notwendigerweise Vernichtung und Er-
schaffung, Destruktion und Entwurf, Zerstören und Erzeu-
gen, und mehr als einmal hat er bekundet, daß das Gefühl
des Schaffens, »die ewige Lust des Werdens... auch noch
die Lust am Vernichten in sich schließt.« Diese Lust, »das
Verlangen nach Zerstörung, Wechsel, Werden« zeigt sich
ihm nicht als Zeichen der Schwäche, sondern »als Ausdruck der übervollen Kraft«.

So verbleibt das Häßliche als die große Aufgabe der
Kunst. Ihre »Vollkommenheit und Fülle« ist nur zu erreichen, wenn sie alle Aspekte der Welt einbezieht, keinen aus-
spart. »Die furchtbaren und fragwürdigen Dinge darstel-
len«, sagt Nietzsche im ›Willen zur Macht‹, »ist selbst
schon ein Instinkt der Macht und Herrlichkeit am Künstler: er fürchtet sie nicht...« Große Kunst überwindet und
verwandelt. »Es gibt keine pessimistische Kunst... Die
Kunst bejaht. Hiob bejaht.«

VIII. Wahrheit und Schein

Das Problem de Chiricos
Ein früher Brief de Chiricos
Der Künstler als Erbe des Philosophen

Mehr als irgend ein anderer Künstler dieses Jahrhunderts
fühlte sich Giorgio de Chirico Nietzsche verbunden. Ja,
war er nicht der wiedergeborene Nietzsche, geboren 1888,
jenem Jahr, an dessen Ende Nietzsche in Turin dem Wahnsinn verfiel? In einem kleinen Bild, betitelt »*Stilleben, Turin
1888*« (Abb. 52) hat er diese Koinzidenz von Geburt und
Tod reflektiert. In einen Zylinder hat de Chirico neben den
Namen des Ortes und die Jahreszahl die Chiffre eines Pfer-
dekopfes gesetzt, der uns an jenen Droschkengaul ge-
mahnt, der am Ende von Nietzsches wacher Biographie

Abb. 52:
Giorgio de Chirico
Stilleben, Turin 1888
(1914/15)

steht. Darunter die Form von Ei und Stein, die Leben und
Tod verbindet und uns signalisiert, daß das Erlöschen des
philosophischen Geistes die Geburtsstunde des Malers
war. »Die guten neuen Künstler sind Philosophen, welche
die Philosophie überwunden haben«, sollte de Chirico
später sagen. Sein Gemälde »*Stilleben: Turin, Frühling*«
(Abb. 53), ebenfalls 1914 entstanden, erinnert an jene
Stadt, die Nietzsche in tausend Tönen lobte, »der einzige
Ort, an dem ich möglich bin«.

De Chirico hat Nietzsche teils im Original, teils franzö-
sisch gelesen. Schon in Athen hatte er Deutsch gelernt, und
bis ins hohe Alter konnte er einzelne Gedichte Nietzsches
auswendig rezitieren. Von 1906 bis 1909 hat er an der
Münchner Akademie der Bildenden Künste studiert, und
im Kreise griechischer Kommilitonen wie seiner deutschen
Freunde, der Brüder Gartz aus Berlin, wurde viel über
Nietzsche diskutiert. Die Freunde teilten seine Begeiste-
rung, auch wenn er meinte, ihnen den Philosophen erklä-

Abb. 53: Giorgio de Chirico
Stilleben, Turin, Frühling (1914)

ren zu müssen, hielt er sich doch für den einzigen, der ihn wirklich verstand. Als er 1909 nach Italien ging und sich zuerst in Mailand, dann in Florenz niederließ, vertiefte sich seine Beschäftigung mit Nietzsche noch, wovon ein jetzt von Gerd Roos wieder aufgefundener Brief de Chiricos an den Freund Gartz in München, datiert Florenz, 26. Januar 1910, beredtes Zeugnis gibt:

»... In diesem Sommer habe ich Gemälde gemalt, die die tiefsten sind, die überhaupt existieren. Ich muß Ihnen die Sachen ein wenig erklären – weil sicher seitdem Sie leben hat Ihnen jemand nie so etwas gesagt. Wissen Sie erstens zum Beispiel wie heißt der tiefste Maler, der in dieser Welt gemalt hat? Wahrscheinlich haben Sie eine bestimmte Opinion darüber. Ich werde es Ihnen sagen, er heißt Arnold Böcklin, es ist der einzige Mann, der tiefe Gemälde gemalt hat. – Wissen Sie jetzt, wie der tiefste Dichter heißt? Wahrscheinlich werden Sie mir sofort von Dante, von Goethe und von anderen Leuten sprechen. – Es sind alle(s) Mißverständnisse – der tiefste Dichter heißt Friedrich Nietzsche. – Als ich Ihnen von meinen Gemälden sagte, daß die tief sind, haben Sie sicher an riesige Kompositionen gedacht mit vielen nackten Leuten, die etwas überwinden wollen... Nein, lieber Freund, es sind ganz andere Sachen – die Tiefe, so wie ich sie verstanden habe und so wie sie Nietzsche verstanden hat, steht anders als da wo sie man bis jetzt gesucht hat. Meine Gemälde sind klein..., aber jedes ist ein Rätsel, jedes enthält eine Poesie, eine Stimmung, eine Verschweigung, die Sie... in anderen Gemälden nicht finden könnten... Es ist eine furchtbare Freude für mich sie gemalt zu haben.... Ich studiere auch viel, besonders Literatur und Philosophie und beabsichtige später Bücher zu schreiben (ich will Ihnen jetzt etwas ins Ohr sagen – ich bin der einzige Mann der Nietzsche verstanden hat – alle meine Werke beweisen das...)«.

Bei den Bildern, von denen de Chirico in diesem Brief spricht, handelt es sich ohne Zweifel um Werke wie

Abb. 54: Giorgio de Chirico
Das Rätsel des Orakels (1909) (Detail)

»*Rätsel eines Herbstnachmittags*«, »*Rätsel der Stunde*«
oder »*Rätsel des Orakels*« (Abb. 54), die man bisher in das
Jahr 1910 datierte, auf Grund des jetzt gefundenen Briefes
aber wird in den Herbst 1909 datieren müssen. Im »*Rätsel
des Orakels*« hat de Chirico die in sich selbst versunkene
Odysseus-Figur aus Böcklins Gemälde »*Odysseus und Kalypso*« von 1882 (Abb. 55) in ein apollinisches Heiligtum
versetzt, wo sie eines Orakelspruchs harrt.

Nach seiner Übersiedlung nach Paris im Juli 1911 setzt
sich, wie wir aus vielen Niederschriften dieser Zeit wissen,
seine Auseinandersetzung mit Nietzsche fort – ja sie vertieft sich noch in dem Maße, in dem seine Beschäftigung
mit Böcklin zurücktritt. In seinem ersten gemalten *Selbst-*

Abb. 55: Arnold Böcklin
Odysseus und Kalypso (1882)

bildnis, das wohl aus diesem Jahr 1911 stammt, hat de Chirico sich in der Pose Nietzsches gemalt, den Kopf gedankenschwer in die Hand gestützt, den Blick in eine ungewisse Ferne gerichtet, und darunter geschrieben: »Et quid amabo nisi quod aenigma est?« – Was sonst soll ich lieben, wenn nicht das Rätsel (Abb. 56)?

Otto Dix hatte sich aus Nietzsches Ästhetik die komplexe Spannung von »häßlich« und »schön« zum Lebensthema genommen, de Chirico erkannt in dem Verhältnis von Wahrheit und Schein, das Nietzsches Denken durchzieht, das größte Geheimnis. In diese Problematik stellte er seine Kunst, die er von ihren Anfängen in Florenz an *pittura metafisica*, »metaphysische Malerei«, nannte. Dabei verstand er auch das Wort Metaphysik doppelsinnig, wie es Friedrich Nietzsche im ›Willen zur Macht‹ angegeben hatte: »Eine antimetaphysische Weltbetrachtung – ja, aber eine metaphysische...« Nietzsches ›Metaphysik‹ ist eine Metaphysik, die im Physischen liegt, nicht hinter dem Phy-

Abb. 56:
Giorgio de Chirico
Selbstbildnis
(ca. 1911)

sischen. Wahre und scheinbare Welt fallen für ihn nicht länger auseinander – die sinnliche Welt unserer Erfahrung, die die Philosophen und die großen Religionen die scheinbare genannt haben, ist für ihn die einzig wahre Welt – es gibt keine andere transzendente Welt dahinter, wer das glaubt, ist für ihn ein »Hinterweltler«.

De Chirico hat diesen Charakter der Metaphysik Nietzsches erkannt. Auch seine Metaphysik liegt in den Dingen, nicht irgendwo dahinter. Seine *pittura metafisica* kennt keine Transzendenz. Das Wesen der Dinge liegt an ihrer Oberfläche. Diese müssen wir lesen lernen. Die Tiefe ist außen.

Das Geheimnis der Dinge! Wie der Faden der Ariadne zieht es sich durch das Labyrinth der metaphysischen Malerei und erscheint in immer neuer Beleuchtung. De Chirico wußte, daß er sich auch in dieser Faszination auf Nietzsche berufen konnte. In den Aphorismen des Buches ›Der Wanderer und sein Schatten‹ (1880) heißt es: »Wir müssen wieder gute Nachbarn der nächsten Dinge werden und nicht

209

so verächtlich wie bisher über sie hinweg nach Wolken und Nachtunholden hinblicken.« Die Dinge werden de Chirico zu Chiffren. Aus ihnen macht er »die Buchstaben des metaphysischen Alphabets«: »Wir wissen, welche Freuden und welche Schmerzen ein Portikus, eine Straßenecke, ein Zimmer, eine Tischplatte, die Seiten einer Schachtel bergen... Nüchternen Sinnes entwickeln wir in der Malerei eine neue metaphysische Psychologie der Dinge«.

Wenn de Chirico sagt: »Wir Metaphysiker haben das Reale heiliggesprochen«, dann erkennt er mit Nietzsche das Reale in der sinnlich erfahrbaren Wirklichkeit. Das Reale liegt nicht in der Transzendenz. Nirgends sonst können wir es greifen als im Schein. »Schein, wie ich es verstehe, ist die wirkliche und einzige Realität der Dinge«, hatte es bei Nietzsche geheißen.

Wie gesagt: das ist de Chiricos großes Thema. In seiner metaphysischen Malerei ist es ihm gelungen, an einer durch und durch artifiziellen, als wahr erlebten und doch als Schein ausgewiesenen Welt, drei Phasen des Scheinhaften sichtbar zu machen:

• De Chirico malt die Welt als Schein, als Traum, als Vision.

• De Chirico malt die Welt als Schein in der Weise, daß man sieht, daß nichts dahinter ist, daß nichts ist als der Schein. Diesem Ziel dient im besonderen die Konstruktion des Bildraums als Bühne.

• De Chirio malt die Welt als Schein vor dem Hintergrund des Nichts so, daß sie dabei nicht banal oder bedeutungslos wirkt, sondern daß sie – ganz im Sinne Nietzsches – in ihrer offenbaren Scheinhaftigkeit alle Fragen, alle Rätsel, alle Geheimnisse, die sie uns aufgibt, zur Darstellung bringt oder, anders gesagt, daß der Schein der Kunst das Mysterium der Realität in einer Weise suggeriert, die durch nichts anderes erreicht werden kann als eben durch diesen Schein.

Das Scheinhafte der Realität deutlich zu machen, bedient sich de Chirico verschiedener künstlerischer Mittel. Das Wichtigste ist seine Auffassung der Wirklichkeit als et-

Abb. 57:
Giorgio de Chirico
Das Duo (1915)

was Artifizielles – als Spiel, als »Sprache«, als »Kunst« –
und die Kennzeichnung des Bildraums als Bühne. Der Bühnencharakter des Bildes erleichtert ihm die Darstellung der
Inkongruenz aller Erscheinungen. So kann er den Bruch
malen, der durch die Welt geht. Der Bühnencharakter des
Bildes – hier: »*Das Duo*« (Abb. 57), 1915 und »*Die beunruhigenden Musen*«, 1918 (Abb. 58) – hilft ihm darüber
hinaus, die klassische Perspektive außer Kraft zu setzen
und an ihrer Stelle verschiedene einander widersprechende
Blickpunkte einzuführen. Der Bühnencharakter des Bildes
verwandelt schließlich alle Architekturen in Kulissen. Dadurch erscheinen sie ohne Tiefe, ohne Volumen wie im
Theater. Dadurch dürfen ihre Perspektiven auch so offenbar nicht übereinstimmen, ohne die suggestive Überzeu-
gungskraft des Bildes in Frage zu stellen. Oft scheint es, als
wären die Fassaden der Arkaden wie verschiedene »Pro-
spekte« auf die Bühne geschoben, ohne sich am gleichen
Fluchtpunkt orientieren zu müssen. Sie stimmen nicht zu-

Abb. 58: Giorgio de Chirico
Die beunruhigenden Musen (1918)

sammen, als stammten sie nicht aus dem gleichen Theaterstück. Sie sind auf Schein hin angelegt. Ihr Ziel ist Irritation, Beunruhigung, Verstörung. Sicherheit kann es nirgends geben.

Die Bühne der »beunruhigenden Musen« scheint im luftleeren Raum zu stehen. Kein Lufthauch rührt sich. Und doch flattern die Fähnchen auf den Stangen über dem ferraresischen Castello Estense, als ginge ein heftiger Sturm durch das Bild. Wo anders lassen sich solche Effekte mit einfachsten Mitteln erzielen als im Theater? Das Licht, das einfällt, ist immer Bühnenlicht. Es kommt von verschiedenen Richtungen wie von Scheinwerfern, die die Szene unterschiedlich ausleuchten. Die Schatten werden zu Akteuren und konkurrieren mit den Figuren. Apollo, der Musenführer, hält sich im Dunkel der Arkaden, die Musen – halb Statue, halb Schneiderpuppe – sind im Scheinwerferlicht erstarrt.

Nietzsche liebte die Masken, liebte die Inszenierungen eines Gedankens, liebte die wechselnde Beleuchtung der Bühne, die er Perspektivismus nannte, und mit Recht konnte ihn Peter Sloterdijk in einem glanzvollen Essay als den »Denker auf der Bühne« apostrophieren, der das Drama der Aufklärung in ein Gleichnis der »Selbstaufhellung der Realität« verwandelt. In Nietzsches Denken entfaltet sich dieses Drama zwischen der ›Geburt der Tragödie‹ und dem Auftritt Zarathustras, mögen viele den Auftritt dieses reumütigen Religionsstifters auch bloß als retardierendes Moment begreifen. Der Grundton dieses Denkens ist der Schmerz, so sehr und so laut er auch von der Heiterkeit des Philosophen und der fröhlichen Wissenschaft spricht, so wie der Grundton der metaphysischen Bilder de Chiricos Trauer und nicht Ironie ist, soviel Ironie er auch in sie hineingemischt hat, – sein Grundton ist Trauer, mag uns ihr Autor noch so oft versichern, die metaphysische Kunst sei eine fröhliche Sache.

Ich schließe mit einer Frage. Ich spreche von de Chirico

und lasse offen, wie weit es zu dem, was ich von seiner Kunst sage, eine Parallele oder eine Anregung oder ein Vorbild in der Philosophie Nietzsches gibt.

De Chiricos frühe Bilder sind voll geheimer erotischer Anspielungen: Türme und Arkaden, Kanonenrohre, Steinkugeln und Artischocken, Lokomotiven und Bahnhöfe, weibliche Statuen und abgepflückte Bananen, überall stoßen wir auf die Spuren verdrängter Symbole, sublimierter Wünsche. De Chiricos Erotik ist unbewußt. Darum erfaßt sie den ganzen Bildraum, darum erfüllt sie jedes Detail.

De Chiricos Liebe konnte keine Erfüllung finden, weil sie sich nicht auf ein irdisches Ziel richtete. Sie meinte kein Wesen aus Fleisch und Blut. Sie meinte, was sie doch als Surrogate erkannte, Statuen, Schatten, Schneiderpuppen, geometrische Konstruktionen, astronomische Tafeln (»*Der große Metaphysiker*«, 1917, Abb. 59, »*Der Philosoph und der Dichter*«, 1914, Abb. 60). Sie suchte ihre Bestimmung im Unendlichen. Sie dachte an längst Vergangenes und unendlich Entferntes. Sie war darauf angelegt, unerfüllbar zu sein.

Wenn es aber so um sie bestellt ist, dann dürfen wir fragen, ob in diesem Kosmos der melancholischen Plätze und der Architekturen, der Schatten und der toten Dinge nicht doch noch etwas hartnäckig Geleugnetes lebt wie die *Sehnsucht* nach Transzendenz; und ob das Licht und der Glanz, der auf diese Welt des Scheins fällt, nicht vielleicht doch noch eine andere Quelle hat als den Scheinwerfer am Rand der Bühne; und ob Analoges nicht vielleicht auch für den Kopf gelten mag, der de Chirico so über alle Maßen inspiriert hat, und der zuletzt noch an einen Claude Lorrain dachte, ins Unendliche verlängert.

De Chiricos Bilder sprechen aber nicht nur von der Unendlichkeit des Schmerzes – oder der Erlösung von ihm im Unendlichen –, sondern sie verkünden auch seine Ewigkeit. Der Schmerz ist unsterblich, wie der Mensch, wie seine Sehnsucht, wie seine Trauer.

Abb. 59:
Giorgio de Chirico
Der große Meta-
physiker (1917)

Abb. 60:
Giorgio de Chirico
Der Philosoph und der
Dichter (1914)

In Zarathustras »trunkenem Lied«, seinem Mitternachts-Rundgesang heißt es:

> »O Mensch! Gib acht!
> Was spricht die tiefe Mitternacht?
> »Ich schlief, ich schlief –,
> Aus tiefem Traum bin ich erwacht.
> Die Welt ist tief,
> Und tiefer als der Tag gedacht.
> Tief ist ihr Weh –,
> Lust – tiefer noch als Herzeleid:
> Weh spricht: Vergeh!
> Doch alle Lust will Ewigkeit –,
> – will tiefe, tiefe Ewigkeit!«

De Chirico hat diese Verse Nietzsches vor allen anderen geliebt und konnte sie bis ins hohe Alter zitieren. Keiner, der sie ihn je in seiner römischen Wohnung an der Piazza di Spagna sprechen gehört hat, wird diese Stimme in einer ihr selbst fremd gewordenen Sprache, die von weither zu kommen schien, je vergessen. In seinen frühen metaphysischen Bildern aber hat er den Sinn dieser Verse in einer entscheidenden Nuance verändert, wie auch Rilke etwa gleichzeitig in seinen ›Duineser Elegien‹ ihren Sinn verkehrte. So wie es Rilkes Erfahrung war, daß auch Lust sagen kann: »genug! nicht mehr! vergeh«, so war es de Chiricos vielleicht noch tiefere Erfahrung, daß nicht nur die Lust, sondern auch der Schmerz nach Ewigkeit verlangt. Gibt es nicht auch eine Lust des Unglücklichseins, ein genußvolles Auskosten des Schmerzes? Ist es nicht schön zu leiden, schöner als alles andere? Nietzsche hat es geleugnet, aber de Chirico fragt: warum soll das Leiden enden? Auch das Weh, die unerfüllte Liebe, die grenzenlose Melancholie verlangen Dauer. De Chiricos Bilder denken Nietzsche fort. Sie sagen: Auch aller Schmerz will Ewigkeit, will tiefe, tiefe Ewigkeit.

Nietzsche als Lyriker

ALBERT VON SCHIRNDING

» . . . sie hätte singen / Nicht reden
sollen diese neue seele!«

Nur Narr! Nur Dichter!« Die erste der neun Dionysos-Dithyramben wurde in das von Nietzsche noch in den allerletzten Tagen vor seinem geistigen Zusammenbruch fertiggestellte Druckmanuskript aus dem vierten Teil des ›Zarathustra‹ unter leichten Veränderungen übernommen; dort heißt das im Herbst 1884 entstandene Gedicht ›Das Lied der Schwermuth‹ und ist dem »alten Zauberer« in den Mund gelegt, nachdem Zarathustra seine Höhle verlassen hat. Aus dem Zauberer singt sein »böser Geist«, »dieser Geist der Schwermuth, dieser Abend-Dämmerungs-Teufel« –: ein schwer zu dechiffrierendes Maskenspiel. Aber die Entgegensetzung des Philosophen (»Der Wahrheit Freier«) und des Dichter-Narren, der lügen muß, geht aus dem Gedicht deutlich hervor:

> »Das – der Wahrheit Freier?
> Nein! Nur Narr! Nur Dichter!
> Nur Buntes redend,
> Aus Narren-Larven bunt herausschreiend,
> herumsteigend auf lügnerischen Wort-Brücken,
> Auf bunten Regenbogen
> Zwischen falschen Himmeln
> Und falschen Erden,
> Herumschweifend, herumschwebend, –
> Nur Narr! Nur Dichter!«

Noch immer steht, wie in der Erstlingsschrift über die ›Geburt der Tragödie‹, Sokrates gegen Dionysos und Apollon. Denn nicht der in der Rezeption überstrapazierte Antagonismus des Dionysischen und Apollinischen bilden den eigentlichen Gegensatz; sie rücken immer enger zusammen, je mehr ihr Widersacher Sokrates an Boden gewinnt. In Sokrates erkennt Nietzsche den Typus des theoretischen Menschen, der an die Ergründlichkeit der Dinge durch die Erkenntnis glaubt; Philosophie und Wissenschaft lösen die Rätsel des Daseins und werden zu einer »Universalmedizin« gegen das Leiden. Sie ist zugleich das Gift, an dem die griechische Tragödie, die höchste Kunstform, in der Dionysos »die Sprache des Apollo, Apollo aber schließlich die Sprache des Dionysus« redet, zugrunde ging.

In der Tragödie verbinden sich dionysische Musik und apollinische Plastik. Der Lyriker steht dem Ursprung, dem Geist der Musik, aus dem die Tragödie entstand, noch näher. »Nehmen wir jetzt«, heißt es im fünften Abschnitt des noch ganz im Banne Schopenhauers stehenden Erstlingsbuchs, »das wichtigste Phänomen der ganzen antiken Lyrik hinzu, die überall als natürlich geltende Vereinigung, ja Identität des Lyrikers mit dem Musiker – der gegenüber unsre neuere Lyrik wie ein Götterbild ohne Kopf erscheint – so können wir jetzt (...) uns in folgender Weise den Lyriker erklären. Er ist zuerst, als dionysischer Künstler, gänzlich mit dem Ur-Einen, seinem Schmerz und Widerspruch, eins geworden und produciert das Abbild dieses Ur-Einen als Musik, wenn anders diese mit Recht eine Wiederholung der Welt und ein zweiter Abguß derselben genannt worden ist.«

Sokrates selbst hat sich am Ende seines Lebens, gewissermaßen an die Grenze seines Witzes gelangt, zur Musik, zur Lyrik, also zu Dionysos bekehrt, der aufklärerische Rationalist wurde im Angesicht des Todes fromm – so deutet Nietzsche die Erzählung aus der Einleitung des platonischen ›Phaidon‹. Auf die Frage eines Schülers, was von dem Gerücht zu halten sei, Sokrates habe im Gefängnis angefangen zu dichten, spricht dieser von einem Traum, in dem der Befehl an ihn ergangen sei, den Musen zu dienen. Zuerst habe er geglaubt, das Traumgesicht bestärke ihn nur in der Philosophie, die für ihn ja der höchste Musendienst sei; dann aber sei ihm klar geworden, daß das gewöhnliche Dichten gemeint sei, und er habe einen Hymnus auf Apollon gedichtet und äsopische Fabeln in Lyrik übertragen.

Aber leider kam die Bekehrung des Sokrates zu spät. Der Tod des Mythos durch den Logos, die Zerstörung der Musik durch argumentierende Rede war nicht mehr aufzuhalten. In seiner eigenen Gegenwart sieht Nietzsche das Resultat des auf Vernichtung des Mythos und der Kunst gerichteten Sokratismus. Aber im Schoß dieser sokratisch-alexandrinischen, von Wissenschaft und Glücksstreben beherrschten lebens- und kunstfeindlichen Kultur keimen schon Ende und Wende: »Ja, meine Freunde, glaubt mit mir an das dionysische Leben und an die Wiedergeburt der Tragödie. Die Zeit des sokratischen Menschen ist vorüber: kränzt euch mit Epheu, nehmt den Thyrsusstab zur Hand und wundert euch nicht, wenn Tiger und Panther sich schmeichelnd zu euren Knien niederlegen.«

Nietzsches Plädoyer gegen Sokrates und für Dionysos-Apollon, gegen Wort und argumentierende Rede, für Musik und Bild wies freilich einen schwerwiegenden Mangel auf: eben *daß* es ein Plädoyer war. Hier wurde mit sokratischen Mitteln gegen Sokrates polemisiert. Aus dem Bewußtsein dieses Widerspruchs ist der berühmte Satz des ›Versuchs einer Selbstkritik‹ zu verstehen, die vierzehn Jahre nach dem ersten Erscheinen der ›Geburt der Tragödie‹ die Ausgabe von 1886 einleitet: »Sie hätte singen sollen, diese ›neue Seele‹ – und nicht reden! Wie schade, daß ich, was ich damals zu sagen hatte, es nicht als Dichter zu sagen wagte: ich hätte es vielleicht gekonnt!«

Man kann die Dionysos-Dithyramben als die Wieder-

gutmachung des seinerzeit Versäumten ansehen. Unter
dem Datum: Turin, den 15. Oktober 1888, also an seinem
44. Geburtstag, dem letzten, den er bewußt erlebte, notierte Nietzsche: »An diesem vollkommnen Tage, wo Alles
reift und nicht nur die Traube braun wird, fiel mir eben ein
Sonnenblick auf mein Leben: ich sah rückwärts, ich sah
hinaus, ich sah nie so viel und so gute Dinge auf einmal.
Nicht umsonst begrub ich heute mein vierundvierzigstes
Jahr, ich durfte es begraben, – was in ihm Leben war, ist
gerettet, ist unsterblich. Die Umwerthung aller Werthe, die
Dionysos-Dithyramben und, zur Erholung, die Götzen-
Dämmerung – Alles Geschenke dieses Jahrs, sogar seines
letzten Vierteljahrs! Wie sollte ich nicht meinem ganzen Le-
ben dankbar sein?«

Aber die endgültigen Niederschrift der Dionysos-Dithyramben fällt erst in die Tage zwischen dem 1. und 3. Januar
1889; am 3. Januar enthält einer der drei sogenannten
Wahnsinnszettel an Cosima Wagner die Botschaft: »Man
erzählt mir, daß ein gewisser göttlicher Hanswurst dieser
Tage mit den Dionysos-Dithyramben fertig geworden
ist ... «

Wenn es sich bei diesem Fertigwerden auch eher um die
redaktionelle Herstellung des endgültigen Druckmanu-
skripts handelte, so war es doch die Lyrik, der Nietzsches
letzte schriftstellerische Mühe galt. Als Philosoph hatte er
zu reden aufgehört, er sang ... » – daß ich dich singen hieß,
siehe, das war mein Letztes!«, heißt es im ›Zarathustra‹.

Nietzsches früheste Gedichte entstanden im Frühjahr
1858, da war er dreizehn. »Bei Naumburg im freundlichen
Thale. / Da liegt manch reizender Ort, / Der schönste doch
aber von allen, / Das ist mir die Pforte dort.« Gemeint ist
das Gymnasium Schulpforta. »Freust du dich nicht ganz
entsetzlich auf Weihnachten?«, schrieb noch der Siebzehn-
jährige aus Pforta an die Schwester. Damals entstand das
Gedicht ›Weihnachten‹:

»O Tag so schön, o Tag so mild,
So wonnevoll, so wunderbar,
So frei und luftig wie der Aar,
Und wie der Quell, der dem Gefild
Von Blümlein zart umrankt, entquillt,
So sonnenhell, so frisch und klar!«

Was für ein Weg zu den Dionysos-Dithyramben. Und
doch: Gelegentlich beschlich mich bei der Vorbereitung dieses Abends der unehrerbietige Zweifel, ob der Weg, vom
Formalen natürlich abgesehen, wirklich so weit ist. Der
Heineton ist freilich verflogen. Er hatte sich aber noch
ziemlich lange gehalten – bis in die ›Lieder des Prinzen Vo-
gelfrei‹ hinein, die das Nachspiel der auf fünf Bücher erwei-
terten zweiten Fassung der ›Fröhlichen Wissenschaft‹ bilden; das Liedhafte, Tänzerische, wie es etwa in den 1884
entstandenen Versen ›An den Mistral‹ Gestalt angenommen hat (Werner Ross nennt es in seiner Studie über den
›Wilden Nietzsche‹ ein »makellos gelungenes Gedicht, in
dem das Brausen des Mistral Wortmusik geworden ist«) gehört ja zur Heiterkeit, Leichtigkeit des Selbstüberwinders:
»Und wenn Das mein A und O ist, daß alles Schwere leicht,
aller Leib Tänzer, aller Geist Vogel werde: und wahrlich,
Das ist mein A und O!«
   Die Antithese Sprechen – Singen zieht sich aber auch
durch Nietzsches Lyrik selbst. ›Lieder und Sinnsprüche‹
sind Verse aus dem Nachlaß von 1882 überschrieben:

»Takt als Anfang, Reim als Endung,
Und als Seele stets Musik:
Solch ein göttliches Gequiek
Nennt man Lied. Mit kürzrer Wendung,
Lied heißt: »Worte als Musik«.

Sinnspruch hat ein neu Gebiet:
Er kann spotten, schwärmen, springen,

Niemals kann der Sinnspruch singen;
Sinnspruch heißt: »Sinn ohne Lied«. –

Darf ich euch von Beidem bringen?«

Er *brachte* von beidem. Ernst Bertram hat in seinem ›Nietz-sche‹ (1918) die genealogische Linie von Nietzsches Spruchgedichten über Goethe zu Hans Sachs zurückver-folgt, wobei diese Tradition des altdeutschen Lehr-, Spott- und Strafspruchs beim Dichter des der ›Fröhlichen Wissen-schaft‹ vorangestellten ›Vorspiels in deutschen Reimen‹ mit dem Goethe-Titel ›Scherz, List und Rache‹ eine Wen-dung ins endstadiumhaft Parodistische erfährt. Auf der an-deren Seite die Melodik des wundervollen, trotz seiner Me-lodik übrigens in antikem Rhythmus gehaltenen Venedig-gedichts »Auf der Brücke stand/jüngst ich in brauner Nacht.« Selbsthellsichtig schrieb der Neunzehnjährige an seine Mutter: »Wenn ich minutenlang denken darf was ich will, da suche ich Worte zu einer Melodie die ich habe und eine Melodie zu Worten die ich habe, und beides zusam-men, was ich habe, stimmt nicht, ob es gleich aus einer Seele kam. Aber das ist mein Loos!«

In den geglücktesten Momenten der Dionysos-Dithy-ramben findet beides zusammen: Wort und Melodie, Sinn und Lied, Reden und Singen. Aber keineswegs immer. Was für den ›Zarathustra‹ insgesamt gilt, trifft erst recht auf die Dithyramben zu, für die Nietzsche zunächst ja den Titel ›Die Lieder Zarathustra's‹ vorgesehen hatte. »Nietzsche war vor allem ein großer Kritiker und Kultur-Philosoph«, urteilte Thomas Mann im Hinblick auf den ›Zarathustra‹, »ein aus der Schule Schopenhauers kommender europäi-scher Prosaist und Essayist obersten Ranges (...) Ein Dich-ter mag weniger sein als solch ein Kritiker, aber zu diesem Weniger reichte es nicht, oder doch nur in einzelnen lyri-schen Augenblicken, nicht für ein ausgedehntes Werk von kreativer Ursprünglichkeit.« Stefan George nimmt am

Schluß seines 1901 entstandenen ›Nietzsche‹-Gedichts, mit dem wir die Rezitation dieses Abends einleiten, die Formulierung aus der späten Vorrede zur ›Geburt der Tragödie‹ auf:

> »Und wenn die strenge und gequälte stimme
> Dann wie ein loblied tönt in blaue nacht
> Und helle flut – so klagt: sie hätte singen
> Nicht reden sollen diese neue seele!«

Nein, Georges Klage ist nicht berechtigt. Die Größe Nietzsches liegt nicht in seinem Gesang, sondern in seiner Rede. Aber es verhält sich mit der Lyrik doch ganz anders als mit seinen Kompositionen, die man allenfalls aus Interesse für die Person ihres Schöpfers zur Kenntnis nimmt. Würden von Richard Wagner nur die Wesendonck-Lieder existieren, ein Hauch Unsterblichkeit wäre seinem Namen sicher. Hätte Nietzsche nichts geschrieben außer den zwölf oder fünfzehn vollkommenen Gedichten, die von seiner Hand stammen, hätten wir immer noch Ursache, seines 100. Todestages zu gedenken.

Nietzsche

Schwergelbe wolken ziehen überm hügel
Und kühle stürme – halb des herbstes boten
Halb frühen frühlings… Also diese mauer
Umschloss den Donnerer – ihn der einzig war
Von tausenden aus rauch und staub um ihn?
Hier sandte er auf flaches mittelland
Und tote stadt die lezten stumpfen blitze
Und ging aus langer nacht zur längsten nacht.

Blöd trabt die menge drunten · scheucht sie nicht!
Was wäre stich der qualle · schnitt dem kraut!
Noch eine weile walte fromme stille
Und das getier das ihn mit lob befleckt
Und sich im moderdunste weiter mästet
Der ihn erwürgen half sei erst verendet!
Dann aber stehst du strahlend vor den zeiten
Wie andre führer mit der blutigen krone.

Erlöser du! selbst der unseligste –
Beladen mit der wucht von welchen losen
Hast du der sehnsucht land nie lächeln sehn?
Erschufst du götter nur um sie zu stürzen
Nie einer rast und eines baues froh?
Du hast das nächste in dir selbst getötet
Um neu begehrend dann ihm nachzuzittern
Und aufzuschrein im schmerz der einsamkeit.

Der kam zu spät der flehend zu dir sagte:
Dort ist kein weg mehr über eisige felsen
Und horste grauser vögel – nun ist not:
Sich bannen in den kreis den liebe schliesst…
Und wenn die strenge und gequälte stimme
Dann wie ein loblied tönt in blaue nacht
Und helle flut – so klagt: sie hätte singen
Nicht reden sollen diese neue seele!

FRIEDRICH NIETZSCHE

Gedichte

———

Unter Freunden.
Ein Nachspiel.

Schön ist's, mit einander schweigen,
Schöner, mit einander lachen, –
Unter seidenem Himmels-Tuche
Hingelehnt zu Moos und Buche
Lieblich laut mit Freunden lachen
Und sich weisse Zähne zeigen.

Macht' ich's gut, so woll'n wir schweigen;
Macht' ich's schlimm –, so woll'n wir lachen
Und es immer schlimmer machen,
Schlimmer machen, schlimmer lachen,
Bis wir in die Grube steigen.

Freunde! Ja! So soll's geschehn? –
Amen! Und auf Wiedersehn!

Meine Härte.

Ich muss weg über hundert Stufen,
Ich muss empor und hör euch rufen:
»Hart bist du; Sind wir denn von Stein?« –
Ich muss weg über hundert Stufen,
Und Niemand möchte Stufe sein.

Ecce homo.

Ja! Ich weiss, woher ich stamme!
Ungesättigt gleich der Flamme
Glühe und verzehr' ich mich.
Licht wird Alles, was ich fasse,
Kohle Alles, was ich lasse:
Flamme bin ich sicherlich.

Nach neuen Meeren.

Dorthin – will ich; und ich traue
Mir fortan und meinem Griff.
Offen liegt das Meer, in's Blaue
Treibt mein Genueser Schiff.

Alles glänzt mir neu und neuer,
Mittag schläft auf Raum und Zeit -:
Nur dein Auge – ungeheuer
Blickt mich's an, Unendlichkeit!

Sils-Maria.

Hier sass ich, wartend, wartend, – doch auf Nichts,
Jenseits von Gut und Böse, bald des Lichts
Geniessend, bald des Schattens, ganz nur Spiel,
Ganz See, ganz Mittag, ganz Zeit ohne Ziel.

Da, plötzlich, Freundin! wurde Eins zu Zwei –
– Und Zarathustra gieng an mir vorbei...

An den Mistral.
Ein Tanzlied.

Mistral-Wind, du Wolken-Jäger,
Trübsal-Mörder, Himmels-Feger,
Brausender, wie lieb' ich dich!
Sind wir Zwei nicht Eines Schoosses
Erstlingsgabe, Eines Looses
Vorbestimmte ewiglich?

Hier auf glatten Felsenwegen
Lauf' ich tanzend dir entgegen,
Tanzend, wie du pfeifst und singst:
Der du ohne Schiff und Ruder
Als der Freiheit freister Bruder
Ueber wilde Meere springst.

Kaum erwacht, hört' ich dein Rufen,
Stürmte zu den Felsenstufen,
Hin zur gelben Wand am Meer.
Heil! da kamst du schon gleich hellen
Diamantnen Stromesschnellen
Sieghaft von den Bergen her.

Auf den ebnen Himmels-Tennen
Sah ich deine Rosse rennen,
Sah den Wagen, der dich trägt,
Sah die Hand dir selber zücken,
Wenn sie auf der Rosse Rücken
Blitzesgleich die Geissel schlägt, –

Sah dich aus dem Wagen springen,
Schneller dich hinabzuschwingen,
Sah dich wie zum Pfeil verkürzt
Senkrecht in die Tiefe stossen, –
Wie ein Goldstrahl durch die Rosen
Erster Morgenröthen stürzt.

Tanze nun auf tausend Rücken,
Wellen-Rücken, Wellen-Tücken –
Heil, wer neue Tänze schafft!
Tanzen wir in tausend Weisen,
Frei – sei unsre Kunst geheissen,
Fröhlich – unsre Wissenschaft!

Raffen wir von jeder Blume
Eine Blüthe uns zum Ruhme
Und zwei Blätter noch zum Kranz!
Tanzen wir gleich Troubadouren
Zwischen Heiligen und Huren,
Zwischen Gott und Welt den Tanz!

Wer nicht tanzen kann mit Winden,
Wer sich wickeln muss mit Binden,
Angebunden, Krüppel-Greis,
Wer da gleicht den Heuchel-Hänsen,
Ehren-Tölpeln, Tugend-Gänsen,
Fort aus unsrem Paradeis!

Wirbeln wir den Staub der Strassen
Allen Kranken in die Nasen,
Scheuchen wir die Kranken-Brut!
Lösen wir die ganze Küste
Von dem Odem dürrer Brüste,
Von den Augen ohne Muth!

Jagen wir die Himmels-Trüber,
Welten-Schwärzer, Wolken-Schieber,
Hellen wir das Himmelreich!
Brausen wir ... oh aller freien
Geister Geist, mit dir zu Zweien
Braust mein Glück dem Sturme gleich. –

– Und dass ewig das Gedächtniss
Solchen Glücks, nimm sein Vermächtniss,
Nimm den Kranz hier mit hinauf!
Wirf ihn höher, ferner, weiter,
Stürm' empor die Himmelsleiter,
Häng ihn – an den Sternen auf!

Aus hohen Bergen.
Nachgesang.

Oh Lebens Mittag! Feierliche Zeit!
    Oh Sommergarten!
Unruhig Glück im Stehn und Spähn und Warten: –
Der Freunde harr' ich, Tag und Nacht bereit,
Wo bleibt ihr Freunde? Kommt! 's ist Zeit! 's ist Zeit!

War's nicht für euch, dass sich des Gletschers Grau
    Heut schmückt mit Rosen?
Euch sucht der Bach, sehnsüchtig drängen, stossen
Sich Wind und Wolke höher heut in's Blau,
Nach euch zu spähn aus fernster Vogel-Schau.

Im Höchsten ward für euch mein Tisch gedeckt: –
    Wer wohnt den Sternen
So nahe, wer des Abgrunds grausten Fernen?
Mein Reich – welch Reich hat weiter sich gereckt?
Und meinen Honig – wer hat ihn geschmeckt?.....

– Da seid ihr, Freunde! – Weh, doch ich bins' nicht,
    Zu dem ihr wolltet?
Ihr zögert, staunt – ach, dass ihr lieber grolltet!
Ich – bin's nicht mehr? Vertauscht Hand, Schritt, Gesicht?
Und was ich bin, euch Freunden – bin ich's nicht?

Ein Andrer ward ich? Und mir selber fremd?
     Mir selbst entsprungen?
Ein Ringer, der zu oft sich selbst bezwungen?
Zu oft sich gegen eigne Kraft gestemmt,
Durch eignen Sieg verwundet und gehemmt?

Ich suchte, wo der Wind am schärfsten weht?
     Ich lernte wohnen,
Wo Niemand wohnt, in öden Eisbär-Zonen,
Verlernte Mensch und Gott, Fluch und Gebet?
Ward zum Gespenst, das über Gletscher geht?

– Ihr alten Freunde! Seht! Nun blickt ihr bleich,
     Voll Lieb' und Grausen!
Nein geht! Zürnt nicht! Hier – könntet ihr nicht hausen:
Hier zwischen fernstem Eis- und Felsenreich –
Hier muss man Jäger sein und gemsengleich.

Ein schlimmer Jäger ward ich! – Seht, wie steil
     Gespannt mein Bogen!
Der Stärkste war's, der solchen Zug gezogen – –:
Doch wehe nun! Gefährlich ist der Pfeil,
Wie kein Pfeil, – fort von hier! Zu eurem Heil! .....

Ihr wendet euch? – Oh Herz, du trugst genung,
     Stark blieb dein Hoffen:
Halt neuen Freunden deine Thüren offen!
die alten lass! Lass die Erinnerung!
Warst einst du jung, jetzt – bist du besser jung!

Was je uns knüpfte, Einer Hoffnung Band, –
     Wer liest die Zeichen,
Die Liebe einst hineinschrieb, noch, die bleichen?
Dem Pergament vergleich ich's, das die Hand
zu fassen scheut, – ihm gleich verbräunt, verbrannt.

Nicht Freunde mehr, das sind – wie nenn' ich's doch? –
    Nur Freunds-Gespenster!
Das klopft mir wohl noch Nachts an Herz und Fenster,
Das sieht mich an und spricht: »wir waren's doch?« –
– Oh welkes Wort, das einst wie Rosen roch!

Oh Jugend-Sehnen, das sich missverstand!
    Die ich ersehnte,
Die ich mir selbst verwandt-verwandelt wähnte,
Dass alt sie wurden, hat sie weggebannt:
Nur wer sich wandelt, bleibt mit mir verwandt.

Oh Lebens Mittag! Zweite Jugendzeit!
    Oh Sommergarten!
Unruhig Glück im Stehn und Spähn und Warten!
Der Freunde harr' ich, Tag und Nacht bereit,
Der neuen Freunde! Kommt! s'ist Zeit! s'ist Zeit!

Dies Lied ist aus, – der Sehnsucht süsser Schrei
    Erstarb im Munde:
Ein Zaubrer that's, der Freund zur rechten Stunde,
Der Mittags-Freund – nein! fragt nicht, wer es sei –
Um Mittag war's, da wurde Eins zu Zwei.....

Nun feiern wir, vereinten Siegs gewiss,
    Das Fest der Feste:
Freund Zarathustra kam, der Gast der Gäste!
Nun lacht die Welt, der grause Vorhang riss,
Die Hochzeit kam für Licht und Finsternis.....

Das Nachtlied.

Nacht ist es: nun reden lauter alle springenden Brunnen. Und auch meine Seele ist ein springender Brunnen.

Nacht ist es: nun erst erwachen alle Lieder der Liebenden. Und auch meine Seele ist das Lied eines Liebenden.

Ein Ungestilltes, Unstillbares ist in mir; das will laut werden. Eine Begierde nach Liebe ist in mir, die redet selber die Sprache der Liebe.

Licht bin ich: ach, dass ich Nacht wäre! Aber diess ist meine Einsamkeit, dass ich von Licht umgürtet bin.

Ach, dass ich dunkel wäre und nächtig! Wie wollte ich an den Brüsten des Lichts saugen!

Und euch selber wollte ich noch segnen, ihr kleinen Funkelsterne und Leuchtwürmer droben! – und selig sein ob eurer Licht-Geschenke.

Aber ich lebe in meinem eignen Lichte, ich trinke die Flammen in mich zurück, die aus mir brechen.

Ich kenne das Glück des Nehmenden nicht; und oft träumte mir davon, dass Stehlen noch seliger sein müsse, als Nehmen.

Das ist meine Armuth, dass meine Hand niemals ausruht vom Schenken; das ist mein Neid, dass ich wartende Augen sehe und die erhellten Nächte der Sehnsucht.

Oh Unseligkeit aller Schenkenden! Oh Verfinsterung meiner Sonne! Oh Begierde nach Begehren! Oh Heisshunger in der Sättigung!

Sie nehmen von mir: aber rühre ich noch an ihre Seele? Eine Kluft ist zwischen Geben und Nehmen; und die kleinste Kluft ist am letzten zu überbrücken.

Ein Hunger wächst aus meiner Schönheit: wehethun möchte ich Denen, welchen ich leuchte, berauben möchte ich meine Beschenkten: – also hungere ich nach Bosheit.

Die Hand zurückziehend, wenn sich schon ihr die Hand entgegenstreckt; dem Wasserfalle gleich zögernd, der noch im Sturze zögert: – also hungere ich nach Bosheit.

Solche Rache sinnt meine Fülle aus; solche Tücke quillt aus meiner Einsamkeit.

Mein Glück im Schenken erstarb im Schenken, meine Tugend, wurde ihrer selber müde an ihrem Überflusse!

Wer immer schenkt, dessen Gefahr ist, dass er die Scham verliere; wer immer austheilt, dessen Hand und Herz hat Schwielen vor lauter Austheilen.

Mein Auge quillt nicht mehr über vor der Scham der Bittenden; meine Hand wurde zu hart für das Zittern gefüllter Hände.

Wohin kam die Thräne meinem Auge und der Flaum meinem Herzen? Oh Einsamkeit aller Schenkenden! Oh Schweigsamkeit aller Leuchtenden!

Viel Sonnen kreisen im öden Raume: zu Allem, was dunkel ist, reden sie mit ihrem Lichte, – mir schweigen sie.

Oh diess ist die Feindschaft des Lichts gegen Leuchtendes, erbarmungslos wandelt es seine Bahnen.

Unbillig gegen Leuchtendes im tiefsten Herzen: kalt gegen Sonnen, – also wandelt jede Sonne.

Einem Sturme gleich fliegen die Sonnen ihre Bahnen, das ist ihr Wandeln. Ihrem unerbittlichen Willen folgen sie, das ist ihre Kälte.

Oh, ihr erst seid es, ihr Dunklen, ihr Nächtigen, die ihr Wärme schafft aus Leuchtendem! Oh, ihr erst trinkt euch Milch und Labsal aus des Lichtes Eutern!

Ach, Eis ist um mich, meine Hand verbrennt sich an Eisigem! Ach, Durst ist in mir, der schmachtet nach eurem Durste!

Nacht ist es: ach dass ich Licht sein muss! Und Durst nach Nächtigem! Und Einsamkeit!

Nacht ist es: nun bricht wie ein Born aus mir mein Verlangen, – nach Rede verlangt mich.

Nacht ist es: nun reden lauter alle springenden Brunnen. Und auch meine Seele ist ein springender Brunnen.

Nacht ist es: nun erst erwachen alle Lieder der Liebenden. Und auch meine Seele ist das Lied eines Liebenden. –

Also sang Zarathustra.

Oh Mensch! Gieb Acht!
Was spricht die tiefe Mitternacht?
»Ich schlief, ich schlief –,
»Aus tiefem Traum bin ich erwacht: –
»Die Welt ist tief,
»Und tiefer als der Tag gedacht.
»Tief ist ihr Weh –,
»Lust – tiefer noch als Herzeleid:
»Weh spricht: Vergeh!
»Doch alle Lust will Ewigkeit –,
»– will tiefe, tiefe Ewigkeit!«

An der Brücke stand
jüngst ich in brauner Nacht.
Fernher kam Gesang:
goldener Tropfen quoll's
über die zitternde Fläche weg.
Gondeln, Lichter, Musik –
trunken schwamm's in die Dämmrung hinaus...

Meine Seele, ein Saitenspiel,
sang sich, unsichtbar berührt,
heimlich ein Gondellied dazu,
zitternd vor bunter Seligkeit.
– Hörte Jemand ihr zu?...

Nur Narr! Nur Dichter!

Bei abgehellter Luft,
wenn schon des Thau's Tröstung
zur Erde niederquillt,
unsichtbar, auch ungehört
– denn zartes Schuhwerk trägt
der Tröster Thau gleich allen Trostmilden –
gedenkst du da, gedenkst du, heisses Herz,
wie einst du durstetest,
nach himmlischen Thränen und Thaugeträufel
versengt und müde durstetest,
dieweil auf gelben Graspfaden
boshaft abendliche Sonnenblicke
durch schwarze Bäume um dich liefen
blendende Sonnen-Gluthblicke, schadenfrohe.

»Der Wahrheit Freier – du? so höhnten sie
nein! nur ein Dichter!
ein Thier, ein listiges, raubendes, schleichendes,
das lügen muss,
das wissentlich, willentlich lügen muss,
nach Beute lüstern,
bunt verlarvt,
sich selbst zur Larve,
sich selbst zur Beute
das – der Wahrheit Freier?...
Nur Narr! Nur Dichter!
Nur Buntes redend,
aus Narrenlarven bunt herausredend,
herumsteigend auf lügnerischen Wortbrücken,
auf Lügen-Regenbogen
zwischen falschen Himmeln
herumschweifend, herumschleichend –
nur Narr! nur Dichter!...

Das – der Wahrheit Freier?...

Nicht still, starr, glatt, kalt,
zum Bilde worden,
zur Gottes-Säule,
nicht aufgestellt vor Tempeln,
eines Gottes Thürwart:
nein! feindselig solchen Tugend-Standbildern,
in jeder Wildniss heimischer als in Tempeln,
voll Katzen-Muthwillens
durch jedes Fenster springend
husch! in jeden Zufall,
jedem Urwalde zuschnüffelnd,
dass du in Urwäldern
unter buntzottigen Raubthieren
sündlich gesund und schön und bunt liefest,
mit lüsternen Lefzen,

selig-höhnisch, selig-höllisch, selig-blutgierig,
raubend, schleichend, lügend liefest...

Oder dem Adler gleich, der lange,
lange starr in Abgründe blickt,
in seine Abgründe...
– oh wie sie sich hier hinab,
hinunter, hinein,
in immer tiefere Tiefen ringeln! –
Dann,
plötzlich,
geraden Flugs
gezückten Zugs
auf Lämmer stossen,
jach hinab, heisshungrig,
nach Lämmern lüstern,
gram allen Lamms-Seelen,
grimmig gram Allem, was blickt
tugendhaft, schafmässig, krauswollig,
dumm, mit Lammsmilch-Wohlwollen...

Also
adlerhaft, pantherhaft
sind des Dichters Sehnsüchte,
sind deine Sehnsüchte unter tausend Larven,
du Narr! du Dichter!...

Der du den Menschen schautest
so Gott als Schaf –,
den Gott zerreissen im Menschen
wie das Schaf im Menschen
und zerreissend lachen –

das, das ist deine Seligkeit,
eines Panthers und Adlers Seligkeit,
eines Dichters und Narren Seligkeit!...

Bei abgehellter Luft,
wenn schon des Monds Sichel
grün zwischen Purpurröthen
und eidisch hinschleicht,
– dem Tage feind,
mit jedem Schritte heimlich
an Rosen-Hängematten
hinsichelnd, bis sie sinken,
nachtabwärts blass hinabsinken:
so sank ich selber einstmals,
aus meinem Wahrheits-Wahnsinne,
aus meinen Tages-Sehnsüchten,
des Tages müde, krank vom Lichte,
– sank abwärts, abendwärts, schattenwärts,
von Einer Wahrheit
verbrannt und durstig
– gedenkst du noch, gedenkst du, heisses Herz,
wie da du durstetest? –
dass ich verbannt sei
von aller Wahrheit!
Nur Narr! Nur Dichter!...

Letzter Wille.

So sterben,
wie ich ihn einst sterben sah –,
den Freund, der Blitze und Blicke
göttlich in meine dunkle Jugend warf.
Muthwillig und tief,
in der Schlacht ein Tänzer –,

unter Kriegern der Heiterste,
unter Siegern der Schwerste,
auf seinem Schicksal ein Schicksal stehend,
hart, achdenklich, vordenklich –:

erzitternd darob, dass er siegte,
jauchzend darüber, dass er sterbend siegte –:

befehlend, indem er starb
– und er befahl, dass man vernichte ...

So sterben,
wie ich ihn einst sterben sah:
siegend, vernichtend ...

Die Sonne sinkt.

1.

Nicht lange durstest du noch,
    verbranntes Herz!
Verheissung ist in der Luft,
aus unbekannten Mündern bläst mich's an
    – die grosse Kühle kommt...

Meine Sonne stand heiss über mir im Mittage:
seid mir gegrüsst, dass ihr kommt
    ihr plötzlichen Winde
ihr kühlen Geister des Nachmittags!

Die Luft geht fremd und rein.
Schielt nicht mit schiefem
    Verführerblick
die Nacht mich an?...
Bleib stark, mein tapfres Herz!
Frag nicht: warum? –

2.

Tag meines Lebens!
die Sonne sinkt.
Schon steht die glatte
    Fluth vergüldet.
Warm athmet der Fels:
    schlief wohl zu Mittag
das Glück auf ihm seinen Mittagsschlaf?
    In grünen Lichtern
spielt Glück noch der braune Abgrund herauf.

Tag meines Lebens!
gen Abend gehts!
Schon glüht dein Auge
    halbgebrochen,

schon quillt deines Thaus
   Thränengeträufel,
schon läuft still über weisse Meere
deiner Liebe Purpur,
deine letzte zögernde Seligkeit...

   3.
Heiterkeit, güldene, komm!
   du des Todes
heimlichster süssester Vorgenuss!
– Lief ich zu rasch meines Wegs?
Jetzt erst, wo der Fuss müde ward,
   holt dein Blick mich noch ein,
   holt dein G l ü c k mich noch ein.

Rings nur Welle und Spiel.
   Was je schwer war,
sank in blaue Vergessenheit,
müssig steht nun mein Kahn.
Sturm und Fahrt – wie verlernt er das!
   Wunsch und Hoffen ertrank,
   glatt liegt Seele und Meer.

Siebente Einsamkeit!
   Nie empfand ich
näher mir süsse Sicherheit,
wärmer der Sonne Blick.
– Glüht nicht das Eis meiner Gipfel noch?
   Silbern, leicht, ein Fisch
   schwimmt nun mein Nachen hinaus...

Von der Armut des Reichsten.

Zehn Jahre dahin –,
kein Tropfen erreichte mich,
kein feuchter Wind, kein Thau der Liebe
– ein r e g e n l o s e s Land…
Nun bitte ich meine Weisheit,
nicht geizig zu werden in dieser Dürre:
ströme selber über, träufle selber Thau
sei selber Regen der vergilbten Wildniss!

Einst hiess ich die Wolken
fortgehn von meinen Bergen, –
einst sprach ich »mehr Licht, ihr Dunklen!«
Heut locke ich sie, dass sie kommen:
macht dunkel um mich mit euren Eutern!
– ich will euch melken,
ihr Kühe der Höhe!
Milchwarme Weisheit, süssen Thau der Liebe
ströme ich über das Land.

Fort, fort, ihr Wahrheiten,
die ihr düster blickt!
Nicht will ich auf meinen Bergen
herbe ungeduldige Wahrheiten sehn.

Vom Lächeln vergüldet
nahe mir heut die Wahrheit,
von der Sonne gesüsst, von der Liebe gebräunt, –
eine r e i f e Wahrheit breche ich allein vom Baum.

Heut strecke ich die Hand aus
nach den Locken des Zufalls,
klug genug, den Zufall
einem Kinde gleich zu führen, zu überlisten.
Heut will ich gastfreundlich sein

gegen Unwillkommnes,
gegen das Schicksal selbst will ich nicht stachlicht sein
– Zarathustra ist kein Igel.

Meine Seele,
unersättlich mit ihrer Zunge,
an alle guten und schlimmen Dinge hat sie schon geleckt,
in jede Tiefe tauchte sie hinab.
Aber immer gleich dem Korke,
immer schwimmt sie wieder obenauf,
sie gaukelt wie Öl über braune Meere:
dieser Seele halber heisst man mich den Glücklichen.

Wer sind mir Vater und Mutter?
Ist nicht mir Vater Prinz Überfluss
und Mutter das stille Lachen?
Erzeugte nicht dieser Beiden Ehebund
mich Räthselthier,
mich Lichtunhold,
mich Verschwender aller Weisheit Zarathustra?

Krank heute vor Zärtlichkeit,
ein Thauwind,
sitzt Zarathustra wartend, wartend auf seinen Bergen, –
im eignen Safte
süss geworden, und gekocht,
u n t e r h a l b seines Gipfels,
u n t e r h a l b seines Eises,
müde und selig,
ein Schaffender an seinem siebenten Tag.

– Still!
Eine Wahrheit wandelt über mir
einer Wolke gleich, –
mit unsichtbaren Blitzen trifft sie mich.

Auf breiten langsamen Treppen
steigt ihr Glück zu mir:
komm, komm, geliebte Wahrheit!

– Still!
M e i n e Wahrheit ists!
Aus zögernden Augen,
aus sammtenen Schaudern
trifft mich ihr Blick,
lieblich, bös, ein Mädchenblick...
Sie errieth meines Glückes G r u n d ,
sie errieth m i c h – ha! was sinnt sie aus? –
Purpurn lauert ein Drache
im Abgrunde ihres Mädchenblicks.

– Still! Meine Wahrheit r e d e t ! –

Wehe dir, Zarathustra!
Du siehst aus, wie Einer,
der Gold verschluckt hat:
man wird dir noch den Bauch aufschlitzen!...

Zu reich bist du,
du Verderber Vieler!
Zu Viele machst du neidisch,
zu Viele machst du arm...
Mir selber wirft dein Licht Schatten – ,
es fröstelt mich: geh weg, du Reicher,
geh, Zarathustra, weg aus deiner Sonne!...

Du möchtest schenken, wegschenken deinen Überfluss,
aber du selber bist der Überflüssigste!
Sei klug, du Reicher!
V e r s c h e n k e d i c h s e l b e r e r s t , oh Zarathustra!

Zehn Jahre dahin –,
und kein Tropfen erreichte dich?
Kein feuchter Wind? kein Thau der Liebe?
Aber wer s o l l t e dich auch lieben,
du Überreicher?
Dein Glück macht rings trocken,
macht arm an Liebe
– ein r e g e n l o s e s Land...

Niemand dankt dir mehr,
du aber dankst Jedem,
der von dir nimmt:
daran erkenne ich dich,
du Überreicher,
du Ä r m s t e r aller Reichen!

Du opferst dich, dich q u ä l t dein Reichthum –,
du giebst dich ab,
du schonst dich nicht, du liebst dich nicht:
die grosse Qual zwingt dich allezeit,
die Qual ü b e r v o l l e r Scheuern, ü b e r v o l l e n Herzens –
aber Niemand dankt dir mehr:...

Du musst ä r m e r werden,
weiser Unweiser!
willst du geliebt sein.
Man liebt nur die Leidenden,
man giebt Liebe nur dem Hungernden:
v e r s c h e n k e d i c h s e l b e r e r s t, oh Zarathustra!

– Ich bin deine Wahrheit...

Nausikaa-Lieder.

Gestern, Mädchen, ward ich weise,
Gestern ward ich siebzehn Jahr: –
Und dem gräulichsten der Greise
Gleich' ich nun – doch nicht auf's Haar!

Gestern kam mir ein Gedanke –
Ein Gedanke? Spott und Hohn!
Kam euch jemals ein Gedanke?
Ein Gefühlchen eher schon!

Selten, daß ein Weib zu denken
Wagt, denn alte Weisheit spricht:
Folgen soll das Weib, nicht lenken;
Denkt sie, nun, dann folgt sie nicht.

Was sie noch sagt, glaubt' ich nimmer;
Wie ein Floh, so springt's, so sticht's!
»Selten denkt das Frauenzimmer,
Denkt es aber, taugt es nichts!«

Alter hergebrachter Weisheit
Meine schönste Reverenz!
Hört jetzt meiner neuen Weisheit
Allerneuste Quintessenz!

Gestern sprach's in mir, wie's nimmer
In mir sprach – nun hört mich an:
»Schöner ist das Frauenzimmer,
Interessanter ist – der Mann!»

»Die fröhliche Wissenschaft«.
(Sanctus Januarius)

Dies ist kein Buch: was liegt an Büchern!
An diesen Särgen und Leichentüchern!
Vergangnes ist der Bücher Beute:
Doch hierin lebt ein ewig H e u t e.

Pinie und Blitz.

Hoch wuchs ich über Mensch und Thier;
Und sprech ich – Niemand spricht mit mir.

Zu einsam wuchs ich und zu hoch:
Ich warte: worauf wart' ich doch?

Zu nah ist mir der Wolken Sitz, –
Ich warte auf den ersten Blitz.

Nachgelassene Fragmente
Herbst 1884

Nun, da der Tag
Des Tages müde ward, und aller Sehnsucht Bäche
Von Neuem Trost plätschern,
auch alle Himmel, aufgehängt in Gold-Spinnetzen,
zu jedem Müden sprechen: »ruhe nun«, –
was ruhst du nicht, du dunkles Herz,
was stachelt dich zu fußwunder Flucht

weß harrest du?

du Verzweifelnder! Weißt du auch, –
wie viel Muth machst du denen,
die dir zuschaun

ach wie du klagst!   wohin meine Flucht?
Ach wen du weidest!
Gefangne noch weidest du.
Wie sicher ist den Unstäten
doch ein Gefängniß!
wie ruhig schlafen verbrecherische
Seelen, eingefangen –

Nun, da die Maus den Berg gebar –

Wo bist du Schöpferisches?

Oh wärmt mich! liebt mich
gebt heiße Hände
erschreckt ob meines Eises nicht!
Zu lange gespensterhaft auf Gletschern – – –

umhergetrieben, aufgewirbelt
auf welchem Spiegel habe ich nicht gesessen –
ich Staub auf allen Oberflächen
außer sich, vor Hingebung
dem Hunde gleich

Hohl, Höhle, voller Gift und Nachtgeflügel
umsungen und umfürchtet,
einsam –

Ihr Wegelagerer! Euer bin ich nun!
Was wollt ihr Lösegelds?
Wollt Viel – so räth mein Stolz.
Und redet kurz – das räth mein andrer Stolz.

Ich liege still –
ausgestreckt,
Halbtodtem gleich, dem man die Füße wärmt
– die Käfer fürchten sich vor mir

ihr fürchtet mich? Ihr fürchtet den gespannten
        Bogen n i c h t ?
Wehe es könnte Einer seinen Pfeil dranlegen

An Richard Wagner.

Der du an jeder Fessel krankst,
Friedloser, freiheit-dürst'ger Geist,
Siegreicher stets und doch gebundener,
Verekelt mehr und mehr, zerschundener,
Bis du aus jedem Balsam Gift dir trankst –
Weh! Daß auch du am K r e u z e niedersankst,
Auch du! Auch du – ein Überwundener!

Vor diesem Schauspiel steh' ich lang
Gefängniß athmend, Gram und Groll und Gruft,
Dazwischen Weihrauch-Wolken, Kirchen-Huren-Duft
Hier wird mir bang:
Die Narrenkappe werf' ich tanzend in die Luft!
Denn ich entsprang – –

Im deutschen November.

Dies ist der Herbst: der – bricht dir noch das Herz!
Fliege fort! fliege fort! –
Die Sonne schleicht zum Berg
Und steigt und steigt
und ruht bei jedem Schritt.

Was ward die Welt so welk!
Auf müd gespannten Fäden spielt
Der Wind sein Lied.
Die Hoffnung floh –
Er klagt ihr nach.

Dies ist der Herbst: der – bricht dir noch das Herz.
Fliege fort! fliege fort!
Oh Frucht des Baums,
Du zitterst, fällst?
Welch ein Geheimniß lehrte dich
Die Nacht,
Daß eis'ger Schauder deine Wange,
Die Purpur-Wange deckt? –

Du schweigst, antwortest nicht?
Wer redet noch? – –

Dies ist der Herbst: der – bricht dir noch das Herz.
Fliege fort! fliege fort! –
»Ich bin nicht schön
– so spricht die Sternenblume –
Doch Menschen lieb' ich
Und Menschen tröst' ich –
sie sollen jetzt noch Blumen sehn,
nach mir sich bücken
ach! und mich brechen –
in ihrem Auge glänzet dann
Erinnrung auf,
E r i n n e r u n g   a n   S c h ö n e r e s   a l s   i c h : –
– ich seh's, ich seh's – und sterbe so.« –

Dies ist der Herbst: der – bricht dir noch das Herz!
Fliege fort! fliege fort!

»Der Wanderer und sein Schatten.«
Ein Buch

Nicht mehr zurück? Und nicht hinan?
Auch für die Gemse keine Bahn?

So wart' ich hier und f a s s e fest,
Was Aug' und Hand mich fassen läßt!

Fünf Fuß breit Erde, Morgenroth,
und u n t e r mir – Welt, Mensch und Tod!

Der Freigeist.
Abschied

»Die Krähen schrei'n
Und ziehen schwirren Flugs zur Stadt:
Bald wird es schnei'n –
Wohl dem, der jetzt noch – Heimat hat!

Nun stehst du starr,
Schaust rückwärts ach! wie lange schon!
Was bist du Narr
Vor Winters in die Welt – entflohn?

Die Welt – ein Thor
Zu tausend Wüsten stumm und kalt!
Wer Das verlor,
Was du verlorst, macht nirgends Halt.

Nun stehst du bleich,
Zur Winter-Wanderschaft verflucht,
Dem Rauche gleich,
Der stets nach kältern Himmeln sucht.

Flieg', Vogel, schnarr'
Dein Lied im Wüsten-Vogel-Ton! –
Versteck', du Narr,
Dein blutend Herz in Eis und Hohn!

Die Krähen schrei'n
Und ziehen schwirren Flugs zur Stadt:
Bald wird es schnei'n,
Weh dem, der keine Heimat hat!«

GOTTFRIED BENN

Turin

»Ich laufe auf zerrissenen Sohlen«,
schrieb dieses große Weltgenie
in seinem letzten Brief – dann holen
sie ihn nach Jena – Psychiatrie.

Ich kann mir keine Bücher kaufen,
ich sitze in den Librairien:
Notizen – dann nach Aufschnitt laufen: –
das sind die Tage von Turin.

Indes Europas Edelfäule
an Pau, Bayreuth und Epsom sog,
umarmte er zwei Droschkengäule,
bis ihn sein Wirt nach Hause zog.

Bildnachweis:
Alte Pinakothek, München S. 144, 145
Verwertungsgesellschaft Bild-Kunst, Bonn S. 148, 153,
158–165, 171–174, 186, 187, 189, 191, 192, 195–201, 204,
205, 207, 209, 211, 212, 215
Hans Geissler, Gaienhofen, S. 174
Verlag St. Gertrude, Hamburg S. 147
Privatbesitz S. 147, 167, 174, 178, 180–185
Börsenkammer des Kantons Basel-Stadt,
Stiftung Progressives Museum S. 151
Museum of Modern Art, New York S. 166
Westfälisches Landesmuseum für Kunst und Kulturgeschichte,
Münster S. 168
Arnulf Rainer, Wien S. 180
Museum der Bildenden Künste, Leipzig S. 186
Kunstmuseum Basel S. 208

Textabdruckgenehmigungen wurden freundlicherweise erteilt:
Stefan George, Nietzsche, S. 224, Verlag Klett-Cotta, Stuttgart;
Gottfried Benn, Turin, S. 254, aus:
Gottfried Benn, Statische Gedichte,
© 1948, 1983 by Arche Verlag AG, Raabe + Vitali, Zürich.